Dogen : Le Maître Zen Une Recherche et un Accomplissement

Dhamma Bouddha

Published by Dhamma Bouddha, 2024.

DOGEN : LE MAÎTRE ZEN UNE RECHERCHE ET UN ACCOMPLISSEMENT

First edition. September 28, 2024.

Copyright © 2024 Dhamma Bouddha.

ISBN: 979-8227710482

Written by Dhamma Bouddha.

Table des Matières

Pour étudier le chemin ... pour oublier le moi ...

Notre maître bien-aimé, Dogen a écrit :

Étudier la voie, c'est étudier le soi. Étudier le soi, c'est oublier le soi.

Oublier le soi, c'est être éclairé par toutes choses. Être éclairé par toutes choses, c'est supprimer les barrières entre soi et les autres. Alors il n'y a plus de trace d'illumination, bien que l'illumination elle-même se poursuive sans fin dans la vie quotidienne.

La première fois que nous cherchons la loi, nous sommes loin de la frontière de celle-ci.

Mais dès que la loi nous a été correctement transmise, nous sommes des personnes éclairées.

Maneesha, c'est le premier jour d'une nouvelle série de conférences, consacrée aux pleines lunes. La lune est un ancien symbole de la transformation des rayons chauds du soleil en rayons frais, paisibles et beaux. Elle n'a rien en propre. Lorsque vous voyez la lune, vous ne voyez qu'un miroir qui reflète les rayons du soleil. Ces rayons réfléchis sont exactement comme ceux que l'on peut voir lorsque le soleil se reflète dans une rivière.

La lune est un miroir mais pas seulement un miroir, elle est aussi un agent de transformation. Elle transforme les rayons de chaleur en rayons frais et paisibles. C'est la raison pour laquelle la lune est devenue le symbole le plus significatif de l'Orient.

Cette série est consacrée aux pleines lunes. Dans la série elle-même, nous allons discuter de l'un des maîtres les plus uniques, Dogen.

Avant d'entrer dans les sutras, il serait bon que vous sachiez quelque chose sur Dogen. Ce bagage vous aidera à comprendre ses sutras très condensés. Apparemment, ils semblent contradictoires. Sans le contexte de la vie de Dogen, ils sont comme des arbres sans racines, ils ne peuvent pas donner de fleurs. Je vais donc d'abord parler de la structure de vie de Dogen.

DOGEN EST NÉ DANS UNE FAMILLE ARISTOCRATIQUE DE KYOTO, IL Y A HUIT CENTS ANS. SON PÈRE ÉTAIT UN MINISTRE DE HAUT RANG ET IL ÉTAIT LUI-MÊME UN ENFANT PARTICULIÈREMENT INTELLIGENT. On dit qu'il a commencé à lire la poésie chinoise à l'âge de quatre ans - un autre Mozart.

Le chinois est peut-être la langue la plus difficile au monde, car elle ne possède pas d'alphabet. Il s'agit d'une langue imagée et sa lecture exige des années de dur labeur pour mémoriser ces symboles. Pour les Chinois de naissance, ce n'est pas si difficile, car dès la naissance, la langue est ancrée dans leur esprit, mais quiconque étudie le chinois à partir du monde extérieur ...

Des amis m'ont dit qu'il faut au moins dix ans, si l'on travaille avec acharnement, et trente ans si l'on travaille comme tout étudiant ordinaire.

À l'âge de quatre ans, comprendre le chinois - et pas seulement le chinois, mais la poésie chinoise ; cela rend les choses encore plus difficiles. Car comprendre la prose de n'importe quelle langue est simple, mais la poésie a des ailes, elle s'envole vers des contrées lointaines. La prose est très marchande, très terrestre ; elle rampe sur la terre.

La poésie vole. Ce que la prose ne peut pas dire, la poésie parvient à l'indiquer. La prose est liée à votre esprit, la poésie est plus liée à votre cœur ; elle est plus proche de l'amour que de la logique.

À l'âge de quatre ans, la compréhension de la poésie chinoise par Dogen a immédiatement montré qu'il n'allait pas être un être humain ordinaire. Dès cet âge, son comportement n'était pas celui d'un enfant médiocre, il se comportait comme un bouddha, si serein, si gracieux, ne s'intéressant pas aux jouets. Tous les enfants s'intéressent aux jouets, aux ours en peluche... qui se soucie de la poésie ?

Mais, heureusement ou malheureusement, son père est mort alors qu'il n'avait que deux ans et sa mère est morte quand il avait sept ans. Dogen disait plus tard à ses disciples, lorsqu'il était devenu un maître à part entière, que tout le monde pensait que c'était un malheur :

"Que va-t-il arriver à cet enfant beau et intelligent ?"

Mais au plus profond de son cœur, il a senti que c'était une opportunité ; maintenant il n'y avait plus de barrière.

Les psychologues modernes le comprendront peut-être : vous pouvez être adulte - cinquante, soixante, soixante-dix ans - votre père et votre mère peuvent être morts... ils vous dominent quand même d'une manière très psychologique. Si vous écoutez silencieusement les voix intérieures, vous pouvez comprendre que : "Cette voix vient de mon père, ou de ma mère, ou de mon oncle, ou de mon professeur, ou du prêtre."

Dogen avait l'habitude de dire : " C'était une grande chance que les deux personnes qui auraient pu me distraire, qui m'aimaient et que j'aimais ... et c'était le danger. Ils sont morts au bon moment. Je leur suis infiniment reconnaissant simplement parce qu'ils sont morts au bon moment sans me détruire."

C'est quelque chose de très étrange pour un enfant de sept ans de comprendre cela. Ce n'est que maintenant que les psychologues ont découvert que les plus grandes barrières de l'homme sont le père et la mère. Si vous voulez être une conscience totalement libre, vous devez laisser tomber, quelque part en chemin, vos ours en peluche, vos jouets, les enseignements qui vous ont été imposés. Ils étaient tous animés de bonnes intentions, cela ne fait aucun doute, mais comme le dit un ancien proverbe : "Le chemin de l'enfer est pavé de bonnes intentions."

Les bonnes intentions ne suffisent pas ; ce qu'il faut, c'est une intention consciente, ce qui est très rare. Trouver un père et une mère dotés d'une énergie méditative consciente, c'est espérer le désespoir.

À la mort de sa mère, Dogen était en train de traduire du chinois au japonais la plus importante écriture bouddhiste, l'abhidharma - "l'essence de la religion". Il montrait tous les signes d'un avenir extraordinaire. Et à l'âge de sept ans, alors que son père et sa mère étaient tous deux morts, la première chose qu'il a faite - ce qui est incroyable - a été de devenir sannyasin. Même les voisins, les parents, ne pouvaient pas le croire. Et Dogen a dit : " Je ne vais pas laisser passer cette occasion. Peut-être que si mon père et ma mère étaient vivants, je n'aurais pas quitté le monde à la recherche de la vérité." Il est devenu sannyasin et a commencé à chercher le maître.

Il y a deux types de chercheurs qui s'intéressent à la vérité. L'un commence à chercher les écritures :

Il peut devenir un grand intellectuel, il peut devenir un géant, mais à l'intérieur il y aura l'obscurité. Toute sa lumière est empruntée, et une lumière empruntée ne sera d'aucune aide dans les vraies crises de la vie.

Je me souviens d'un prêtre chrétien qui avait l'habitude de répéter dans chaque sermon les paroles du "Christ",

"Si quelqu'un te gifle sur une joue, donne-lui aussi l'autre."

Tout le monde aimait ses sermons, il citait de si grandes déclarations. Mais à un endroit, un homme s'est vraiment levé et a giflé le prêtre sur une de ses joues. Le prêtre était choqué, car il venait de citer Jésus. Mais de toute façon, pour sauver sa face, il a donné son autre joue. Et cet homme devait être un vrai rebelle ; il a aussi giflé l'autre joue. C'en était trop !

Le prêtre a sauté sur l'homme et a commencé à le frapper. Et l'homme a dit : "Que faites-vous ?"

Il a dit : "L'Écriture s'arrête à la seconde joue. Maintenant, je suis ici et vous êtes ici : décidons-en."

Les écritures empruntées n'aideront pas dans les rencontres réelles. Dans la vie, il y a des réalités quotidiennes auxquelles il faut faire face.

Dans la mort, il faut faire face à l'ultime réalité. Et les connaissances empruntées ne vont pas aider du tout.

Le deuxième type de chercheur ne se dirige pas vers les écritures, mais se met à la recherche d'un maître.

Il s'agit de deux dimensions différentes : l'une est à la recherche de la connaissance, l'autre est à la recherche d'une source qui est encore vivante. L'un cherche des écritures mortes, l'autre cherche une écriture vivante dont le cœur bat et danse encore, dans les yeux de laquelle vous pouvez encore voir la profondeur, dans la présence de laquelle vous pouvez voir votre propre potentiel.

Ce deuxième type est authentiquement le chercheur de vérité. Le premier type n'est qu'un chercheur de connaissances.

Vous pouvez avoir des tonnes de connaissances et pourtant vous resterez ignorant. L'homme qui a trouvé le maître peut devoir laisser tomber toutes ses connaissances afin de pouvoir s'ouvrir et devenir vulnérable à la présence du maître, afin de pouvoir danser avec le cœur du maître. Dans cette danse, il se produit une synchronicité, les deux cœurs s'installent lentement dans le même rythme. Ce rythme s'appelle la transmission. Rien de visible n'est donné - aucun enseignement, aucune doctrine - mais invisiblement deux cœurs se sont mis à danser au même rythme. Tout ce que le maître sait passe lentement sur cette piste invisible et se déverse dans le cœur des disciples jusqu'au point de déborder.

Dogen montre son intelligence, certes, qu'il ne s'est jamais tourné vers les écritures. Du vivant de sa mère, il traduisait l'abhidharma, l'une des plus importantes écritures bouddhiques, du chinois au japonais. Si ses parents avaient vécu, il aurait pu devenir un grand érudit. Après la mort de ses parents, il a brûlé tout ce qu'il avait traduit avec cette écriture, l'abhidharma.

C'est tellement incroyable. Un enfant de sept ans a eu la grande intuition suivante : "Les mots ne vont pas étancher ma soif. Je dois partir à la recherche d'une source vivante, de quelqu'un qui a connu non pas par des mots, mais par une expérience réelle ; quelqu'un qui est existentiellement un bouddha."

La recherche du maître est la recherche du Bouddha.

À L'ÂGE DE TREIZE ANS, DOGEN A ÉTÉ FORMELLEMENT INITIÉ. Ce n'était pas facile d'être initié, il fallait prouver sa capacité, sa potentialité, sa possibilité. Il fallait prouver que l'on ne trahirait pas sur le chemin, que l'on ne perdrait pas le temps du maître, que l'on attendrait infiniment. Il a donc dû attendre jusqu'à l'âge de treize ans, puis.. :

IL EST FORMELLEMENT INITIÉ AU MONACHISME SUR LE MONT HIEI, LE CENTRE DE L'ENSEIGNEMENT BOUDDHISTE TENDAI AU JAPON. Pendant les sept années qui suivirent, il étudia les écoles du Mahayana et du Hinayana, versions du bouddhisme, sous la direction de son professeur, ABBOT KOEN.

À L'ÂGE DE QUATORZE ANS, DOGEN EST TROUBLÉ PAR UN DOUTE PROFOND CONCERNANT UN ASPECT DE L'ENSEIGNEMENT BOUDDHISTE.

C'est le sutra qui l'a troublé jusqu'au plus profond de son être.

SI, COMME LE DISENT LES SUTRAS, "TOUS LES ÊTRES HUMAINS SONT DOTÉS DE LA NATURE DE BOUDDHA,"

POURQUOI FAUT-IL S'ENTRAÎNER SI DUREMENT POUR RÉALISER CETTE NATURE DE BOUDDHA, POUR ATTEINDRE L'ILLUMINATION ?

Une question très importante. Si tout le monde est un bouddha, alors le reconnaître devrait être la chose la plus simple au monde. Si vous êtes potentiellement un bouddha, alors les obstacles ne peuvent pas être nombreux ; ils ne peuvent pas vous gêner. Rien ne peut vous entraver. Un rosier donne des roses, une graine de lotus donne le lotus. Si chaque homme est une graine de bouddha, alors pourquoi tant de discipline ? Il n'avait que quatorze ans et n'avait été initié qu'un an auparavant, mais ce sutra le troublait énormément.

Il est évident que si être un bouddha est notre nature, alors cela devrait être la chose la plus simple... sans aucune discipline, sans aucun effort - juste un phénomène naturel, comme vous respirez, comme votre cœur bat, comme votre sang coule dans le corps. Il n'y a pas besoin de toutes les absurdités qui ont été imposées aux gens pour devenir des bouddhas, pour atteindre la bouddhéité.

À ce moment-là, il a quitté son professeur parce que celui-ci ne pouvait pas lui répondre. Le professeur n'était qu'un professeur. Il pouvait enseigner les sutras, mais il ne pouvait pas répondre. Il pouvait réaliser la grande importance

de la question. Soit la bouddhéité n'est pas dans la nature de tout le monde...

il s'agit d'un sommet lointain, que vous devez traverser toutes sortes d'épreuves pour atteindre. Mais si c'est votre nature même, alors vous pouvez le réaliser dès maintenant - il n'est même pas nécessaire d'attendre un seul instant. Mais le maître ne pouvait pas dire cela, car il n'avait pas lui-même réalisé la bouddhéité. Il avait enseigné les écritures bouddhistes, et pas un seul étudiant n'avait jamais dit : "Ce sutra est contradictoire."

À LA RECHERCHE DE QUELQU'UN QUI PUISSE L'AIDER À SE DÉBARRASSER DE SES DOUTES, DOGEN SE RETROUVE AVEC UN AUTRE MAÎTRE, MYOZEN.

Les enseignants sont nombreux. Le simple fait d'être diplômé dans une certaine branche du savoir n'a rien d'unique ou de spécial. Mais trouver un maître est vraiment ardu, dans la mesure où tous deux parlent la même langue - le professeur, le maître. Et parfois, il se peut que le professeur parle plus clairement, parce qu'il n'est pas préoccupé

8

par sa propre expérience. Le maître parle avec hésitation, parce qu'il sait que ce qu'il dit n'est pas parfaitement approprié, n'exprime pas l'expérience elle-même... que c'est un peu loin.

Le maître peut parler en toute confiance parce qu'il ne sait rien. Le maître se tait ou, s'il parle, il le fait avec une grande responsabilité, sachant qu'il va faire des déclarations qui semblent contradictoires, mais qui ne le sont pas.

Mais chaque enseignant veut être connu comme un maître. Pour le chercheur, cela crée un problème. Myozen s'est également proclamé maître, mais le temps a prouvé qu'il ne l'était pas.

MALGRÉ DE LONGUES ANNÉES DE FORMATION AUPRÈS DE MYOZEN, DOGEN SE SENTAIT TOUJOURS INSATISFAIT. À L'ÂGE DE VINGT-TROIS ANS, IL DÉCIDA DE FAIRE LE VOYAGE EN CHINE AVEC MYOZEN, AFIN D'ÉTUDIER PLUS AVANT LE BOUDDHISME ZEN. QUITTANT LE BATEAU, DOGEN TROUVA LE CHEMIN DU MONASTÈRE DE T'IEN-T" UNG, OÙ IL S'ENTRAÎNA SOUS LA DIRECTION DE MAÎTRE WU-CHI.

TOUJOURS INSATISFAIT, IL VISITE PENDANT PLUSIEURS MOIS DE NOMBREUX MONASTÈRES. ALORS QU'IL ÉTAIT SUR LE POINT D'ABANDONNER SES RECHERCHES ET DE RETOURNER AU JAPON, IL ENTENDIT PAR HASARD QUE L'ANCIEN ABBÉ DE T'IEN-T'UNG ÉTAIT DÉCÉDÉ ET QUE SON SUCCESSEUR, JU-CHING, ÉTAIT CONSIDÉRÉ COMME L'UN DES MEILLEURS MAÎTRES ZEN DE CHINE.

Il a changé son plan de retour au Japon et s'est rendu à nouveau dans le même monastère où il avait été.

Le vieux maître, qui n'était qu'un enseignant, était mort, et Ju-ching lui avait succédé - un homme qui s'était élevé très haut et avait touché les sommets de la conscience, qui avait plongé profondément et avait touché les profondeurs de son être, qui s'était déplacé verticalement vers le haut et vers le bas, qui avait parcouru tout son territoire conscient. Cet homme, Ju-ching, s'est avéré être un homme qui a répondu aux doutes, les a réglés, car Dogen se posait toujours la même question : si l'état de bouddha est votre nature, alors pourquoi une discipline est-elle nécessaire ?

C'est Ju-ching qui a dit : " Aucune discipline n'est nécessaire. Pas de discipline, nulle part où aller, pas de chemin à parcourir... soyez simplement, silencieux, installé, au centre même de votre être, et vous êtes un bouddha. Vous passez à côté parce que vous cherchez et essayez partout ailleurs, sauf en vous. Vous ne pourrez jamais

trouvez votre bouddhéité en changeant ce monastère pour un autre monastère, ce maître pour un autre maître. Entrez !"

Ju-ching est connu comme l'un des meilleurs maîtres, une épée très fine qui coupe les choses immédiatement.

Sa présence, son parfum, sa grâce... Dogen est resté avec lui, sans jamais poser de question, se contentant de boire la présence même du maître, l'atmosphère même, le climat même - se noyant.

Et un moment arrive toujours... Un ancien proverbe tibétain dit : "Si le disciple est prêt, le maître apparaît." Toute la question est de savoir si le disciple est prêt. Mais le disciple ne peut être prêt que s'il rencontre un homme de conscience - pas seulement un homme de mots, mais un homme d'expérience - qui a été sur les plus hauts sommets et dans les plus basses profondeurs. Et rien qu'en étant près de lui, on peut sentir ses vibrations, sa fraîcheur.

Il rayonne la vérité ; et si vous êtes prêt, tout à coup, il y a un déclic. Tous les doutes disparaissent, vous savez que vous avez trouvé le maître. Maintenant, il n'y a rien à demander. Tout ce dont vous avez besoin, le maître vous le donnera. En fait, c'est seulement à cause de la pauvreté du langage que nous disons : "Le maître le donnera."

La vérité est que, lorsque vous êtes prêt, il se déverse simplement sur vous - le maître ne peut même pas l'empêcher. Le maître rayonne déjà, mais les portes de votre être sont fermées. Alors ces vibrations, et ce ne sont que des vibrations, reviennent. Si les portes sont ouvertes, rien n'est dit et tout est compris.

Lorsque Dogen est devenu un maître à part entière, lorsque Ju-ching lui a déclaré : "Maintenant, ne joue plus le rôle de disciple", à ce moment-là, il a frappé Dogen et lui a dit : "Tu es arrivé à comprendre ; maintenant, sois compatissant envers l'humanité aveugle. Ne restez pas assis à mes côtés. Tu es un bouddha.

Ce n'est pas parce que tu errais ici et là que tu pouvais comprendre. Alors, assis à mes côtés, en silence... Je ne vous ai rien donné. Vous vous êtes simplement centré, et dans ce centrage se trouve la révolution intérieure."

DOGEN A ÉCRIT :

ÉTUDIER LA VOIE, C'EST ÉTUDIER LE SOI.

Ce sont des déclarations d'une grande valeur. Il dit, "Ne demandez pas le chemin - il n'y a pas de chemin."

ÉTUDIER LE CHEMIN, C'EST ÉTUDIER LE SOI. Le chemin mène loin, et plus vous allez loin dans la recherche, plus vous êtes perdu. Laissez tomber tout ce qui bouge et restez chez vous, à ne rien faire. Comme l'a dit Basho :

ANCIEN ÉTANG.

UNE GRENOUILLE SAUTE,

ET UN GRAND SILENCE.

Et Basho était juste assis là, alors il a écrit un petit poème, assis en silence, sans rien faire :

Une grenouille saute dans l'ancien étang.

Un petit bruit et puis un grand silence.

Nous sommes de petits sons dans un grand silence. Entre nous et l'univers, il n'y a pas beaucoup plus de différence qu'entre un son et le silence.

Dans tous les temples d'Orient, nous avons utilisé différentes sortes de cloches. Même aujourd'hui, elles sont utilisées sans aucune compréhension. La raison en est de vous transmettre un message - vous sonnez la cloche, un son est créé de nulle part. Il résonne dans le temple vide, il se répète, et chaque écho devient plus silencieux, plus silencieux, et finalement il disparaît. Notre existence n'est rien d'autre qu'un son dans un immense océan de silence.

ÉTUDIER LA VOIE, C'EST ÉTUDIER LE SOI.

Ne vous préoccupez pas du chemin, étudiez juste vous-même.

ÉTUDIER LE SOI, C'EST OUBLIER LE SOI.

Qui va étudier le soi ? Celui qui va étudier le soi a déjà laissé tomber le soi.

Celui qui étudie le soi est le témoin - votre vrai soi.

ÉTUDIER LE SOI, C'EST OUBLIER LE SOI. OUBLIER LE SOI, C'EST ÊTRE ÉCLAIRÉ PAR TOUTES CHOSES.

Alors peu importe la situation dans laquelle vous vous trouvez - toute situation vous rendra éclairé. Des gens sont devenus éveillés dans toutes les situations que vous pouvez imaginer. La question est de savoir si le soi est abandonné - alors vous pouvez couper du bois ou transporter l'eau du puits, cela n'a pas d'importance.

Dès l'instant où il n'y a pas de moi - seulement un témoin, une vigilance silencieuse - vous êtes éclairé par toutes choses.

ÊTRE ÉCLAIRÉ PAR TOUTES CHOSES, C'EST SUPPRIMER LES BARRIÈRES ENTRE SOI ET LES AUTRES.

Être éclairé signifie simplement : ni je n'existe, ni tu n'existes. Ce qui existe est quelque chose de transcendantal au je et au tu, quelque chose de plus, de plus grand et de plus élevé.

ALORS IL N'Y A AUCUNE TRACE D'ILLUMINATION ....

Dans un si petit passage, il a condensé tant de choses. Chaque phrase aurait pu devenir une écriture sainte.

ALORS IL N'Y A PLUS DE TRACE D'ILLUMINATION, BIEN QUE L'ILLUMINATION ELLE-MÊME SE POURSUIVE SANS FIN DANS LA VIE QUOTIDIENNE.

Une fois que vous êtes devenu illuminé, ce n'est pas que chaque jour vous devez vous rappeler que vous êtes illuminé ; que chaque matin, en vous rasant devant le miroir, vous devez vous rappeler que vous êtes illuminé ; ou en allant au marché, vous devez vous rappeler de ne pas vous comporter contre l'illumination.

Une fois que vous êtes devenu illuminé, tous vos actes sont automatiquement des actes de conscience.

Bientôt, vous oubliez tout de l'illumination parce qu'elle est devenue votre corps même, vos os mêmes, votre sang même, votre moelle - elle est devenue votre être même. Il n'est plus nécessaire de s'en souvenir.

Il y a eu des maîtres qui ont complètement oublié qu'ils étaient éclairés parce qu'il n'y avait pas besoin de s'en souvenir. Leurs maîtres les ont frappés à la tête. Le bâton zen a vu le jour dans un but bien précis. L'un de ces objectifs était que quelqu'un qui était devenu illuminé et qui était toujours assis en silence devait être frappé pour qu'on lui dise : "Maintenant, va-t'en ! Montez ! Ramassez votre vélo de location ! Que fais-tu ici ?"

L'illumination ne se produit pas deux fois - une fois suffit. Le maître frappe comme une récompense, pour vous rappeler : "Maintenant, il n'y a plus besoin d'être près de moi."

Il y a de belles histoires ...

Mahakashyapa devint illuminé, et il ne voulait même pas s'approcher de Bouddha. Il avait l'habitude de s'asseoir loin, sous un arbre ; pendant des années, il avait médité là. Il est devenu illuminé... maintenant il avait peur de s'approcher de Bouddha parce qu'il le reconnaîtrait. Bouddha lui-même a dû s'avancer vers Mahakashyapa et lui dire : " Mahakashyapa, n'essayez pas de me tromper. Maintenant, il n'est plus nécessaire de s'asseoir sous cet arbre. Montez et bougez ! Il y a des millions de personnes qui tâtonnent encore dans l'obscurité, et vous êtes assis ici, éclairé. Prenez ce feu de votre illumination et enflammez autant de personnes que possible."

Mahakashyapa avait les larmes aux yeux. Il a dit : "Je me suis caché, qui vous a dit ? Je sais que maintenant cela est devenu une difficulté... Je suis illuminé, et je ne peux pas m'approcher de vous. Je veux toucher tes pieds, mais je touche tes pieds, je fais le geste de toucher tes pieds, juste de loin sous l'arbre.

Parce que je sais qu'une fois que quelqu'un est illuminé, il sera renvoyé."

Un autre disciple de Gautam Bouddha, Sariputta, en fit une condition. Lorsqu'il prit l'initiation, il était déjà un érudit très célèbre de son temps.

Il en a fait une condition : "Si par hasard je deviens illuminé, s'il vous plaît, ne me renvoyez pas. Je veux rester toujours à vos côtés. Si l'illumination signifie que je devrai partir, je ne deviendrai pas illuminé, alors c'est à vous de décider."

Bouddha a dit : "Ne vous inquiétez pas. Deviens d'abord éclairé, puis nous verrons."

Il a dit : "Non, je le veux comme une promesse. L'illumination est certaine à vos côtés. Et si vous ne me donnez pas de promesse, vous serez l'obstacle à mon illumination."

Bouddha a dit : "Vous me mettez en difficulté. Si tout le monde commence à dire : "Ne nous renvoyez pas", comment vais-je faire ?" - Déjà dix mille sannyasins se déplaçaient avec lui d'un village à l'autre.

Il dit : "Sariputta, vous êtes un si grand érudit, vous devriez comprendre. Parce que l'illumination n'est pas seulement l'illumination, c'est aussi une grande responsabilité. Tu es parvenu à réaliser la paix ultime, la joie, la félicité." Maintenant, il est de votre responsabilité de la partager, d'aller aussi loin que possible. Il ne sert à rien de s'asseoir aux côtés du maître.

ALORS IL N'Y A PLUS DE TRACE D'ILLUMINATION, BIEN QUE L'ILLUMINATION ELLE-MÊME SE POURSUIVE SANS FIN DANS LA VIE QUOTIDIENNE.

LA PREMIÈRE FOIS QUE NOUS RECHERCHONS LA LOI - par loi on entend la loi ultime de l'existence - NOUS SOMMES Loin de la frontière de celle-ci. MAIS PEU APRÈS QUE LA LOI NOUS AIT ÉTÉ CORRECTEMENT TRANSMISE ...

Je vous ai expliqué ce qu'est la transmission : ce n'est pas par les mots, c'est par la présence. C'est en étant proche, dans la confiance, dans l'amour, que quelque chose saute de l'être intérieur du maître et vous enflamme. C'est un saut quantique de la conscience. C'est presque comme deux bougies : l'une est allumée, l'autre est éteinte. Si vous rapprochez les deux bougies, il arrive un moment où la flamme de la bougie allumée fait un bond - vous pouvez voir ce bond - et la bougie éteinte s'allume également. Et la bougie allumée ne perd rien. La bougie éteinte portait la possibilité, la potentialité ; elle avait juste besoin d'une opportunité.

Le maître est l'opportunité.

LA PREMIÈRE FOIS QUE NOUS CHERCHONS LA LOI, NOUS SOMMES LOIN DE LA FRONTIÈRE DE CELLE-CI.

MAIS DÈS QUE LA LOI NOUS A ÉTÉ CORRECTEMENT TRANSMISE, NOUS SOMMES DES PERSONNES ÉCLAIRÉES.

Tout le monde est un bouddha, qu'il soit éveillé ou endormi. Seule cette petite distinction existe ; sinon, il n'y a pas de niveau inférieur ou supérieur. Il n'y a rien de mal à être un bouddha endormi - c'est votre choix. Un peu plus de sommeil ne fera de mal à personne - il suffit de ne pas ronfler, car cela perturberait le sommeil des autres.

Un prêtre catholique était en grande difficulté. Un vieil homme, l'homme le plus riche de sa congrégation, s'asseyait en face de lui, et il venait avec son petit enfant. Et le vieil homme, au début du sermon, se mettait à ronfler. C'était un tel dérangement pour le prêtre, mais l'homme était riche et donnait tellement à l'église qu'on ne pouvait pas s'en mêler. Mais d'une manière ou d'une autre, il fallait l'arrêter, sinon, tôt ou tard, tout le monde dormirait, ronflerait, et il leur prêcherait. Il fallait arrêter cette maladie.

Il a essayé de trouver un moyen. Il a pris le petit enfant à part quand ils partaient et lui a demandé : "Peux-tu faire quelque chose, pour l'amour de Dieu ?"

Il a dit : "Je ne fais jamais rien sans argent. Je ne connais pas Dieu ou le bien de Dieu - juste l'argent." Un vrai fils d'homme d'affaires.

Le prêtre catholique a dit : "D'accord. Je vous donnerai un quart de dollar si vous gardez le vieil homme éveillé.

Quand il ronfle, réveille-le - frappe-le juste avec ton genou."

Il a dit : "D'avance, parce que je ne fais rien sans l'argent d'avance. Et si le vieil homme l'apprend, il va y avoir des problèmes. Alors mieux vaut me donner l'avance d'abord, je prends un travail risqué." Le prêtre a dû lui donner un quart de dollar.

Le dimanche matin suivant, quand le vieil homme a commencé à ronfler, le petit garçon l'a frappé encore et encore pour le réveiller. Le vieil homme dit : "Qu'est-ce qui t'est arrivé ? Tu avais l'habitude de t'asseoir en silence. Tu es toujours venu avec moi."

Il a dit : "C'est une question d'affaires."

Le vieil homme a dit : "Que voulez-vous dire ?"

Il a dit : "Je reçois un quart de dollar pour te garder éveillé."

Le vieil homme a dit : "C'est simple - je vous donnerai un demi-dollar pour me laisser dormir."

Il a dit : "D'accord - d'avance."

Le vieil homme lui a donné un demi-dollar et le garçon a arrêté de le réveiller. Le prédicateur a fait de nombreux signes au garçon : "Fais quelque chose !" Mais le garçon fermait les yeux, comme s'il était en grande méditation.

Après l'église, le prêtre a attrapé le garçon en disant : "Tu es très rusé. Tu as pris l'argent à l'avance, et pendant la moitié du sermon, tu te débrouillais très bien. Alors pourquoi t'es-tu mis à te comporter de cette façon, comme si tu méditais ? Cela fait des années que je te vois ; tu n'as jamais fermé les yeux."

Il m'a dit : "Tu ne comprends pas : les affaires sont les affaires."

Le prêtre a dit : "Que voulez-vous dire ?"

Il a dit : "Le vieil homme m'a donné un demi-dollar". Naturellement, j'ai dû m'arrêter. Maintenant, si vous êtes prêt pour un dollar dimanche prochain ... Mais c'est toujours un risque ; le vieil homme peut me donner deux dollars."

Le prêtre pensa : "C'est une chose difficile pour un pauvre prêtre. La hausse du prix va continuer, car ce vieil homme est riche, il peut donner n'importe quoi."

Il pensa : "Il vaut mieux parler au vieil homme". Il lui dit : "Je ne m'oppose pas à ton sommeil car le sommeil n'est pas - selon les saintes écritures - un péché. Tu peux dormir. Mais ronfler... cela non plus n'est pas un péché selon les saintes écritures, mais cela dérange les autres dormeurs. Et s'immiscer dans la vie d'autrui est certainement immoral. Il y a beaucoup d'autres personnes qui dorment, je le sais. Mais qui vient à l'église ? Les gens qui sont complètement fatigués viennent à l'église pour avoir au moins un bon sommeil matinal. Vous les dérangez. Et ce garçon va devenir un grand homme d'affaires. Il s'est déjà débrouillé... il a demandé à être payé d'avance."

Le vieil homme dit : "Il ne sert à rien d'entrer en compétition car, quel que soit le prix à donner, je le donnerai. Mais pour l'amour de Dieu, laissez-moi dormir - et je vais ronfler. C'est mon droit de naissance."

Voilà la différence entre votre bouddhisme essentiel et votre bouddhisme du ronflement. Il suffit de donner une bonne secousse ...

Vous serez surpris d'apprendre qu'il y avait autrefois deux groupes de chrétiens : l'un s'appelait "Quakers" et l'autre "Shakers". Dans leur église, les Quakers tremblent juste pour se tenir éveillés, et les Shakers tremblent juste pour se tenir éveillés. Je pense que ces deux groupes, qui ont presque disparu, représentent la partie la plus essentielle de toute religion. Le christianisme est plus pauvre à cause du déclin de ces deux groupes.

Il est parfaitement normal que vous puissiez contribuer à réveiller votre Bouddha en le secouant. Qu'y a-t-il de mal à cela ? Que faites-vous dans la Méditation Dynamique ? C'est juste un mélange de secousses et de tremblements.

Bientôt, vous entrerez dans notre méditation de chaque soir et vous verrez que personne n'a jamais autant perturbé le sommeil - non seulement le leur, mais à des kilomètres à la ronde, personne ne peut dormir. Nous sommes déterminés à faire de chacun un bouddha.

Question 1 :

Maneesha a demandé :

NOTRE MAÎTRE BIEN-AIMÉ,

OUBLIER LE MOI - SE SOUVENIR DU MOI :

S'AGIT-IL DE DEUX VOIES DIFFÉRENTES OU, D'UNE CERTAINE MANIÈRE, D'UNE MÊME VOIE ?

Ce sont les mêmes, juste des expressions différentes. L'un peut dire quelque chose de positif, l'autre peut dire la même chose de négatif. Mais les deux disent la même chose. Si vous vous souvenez du soi, le soi disparaîtra. Plus vous vous en souviendrez, plus vous constaterez qu'il n'est pas là.

Oublier le moi, c'est la même chose. Vous êtes au-delà de vous-même ; ne vous accrochez pas à votre "moi", à votre ego, à votre personnalité. Laissez tomber l'attachement à cette cage, sortez de la cage, et le ciel entier est à vous. Ouvrez vos ailes et volez à travers le soleil comme un aigle.

Dans le ciel intérieur, dans le monde intérieur, la liberté est la valeur la plus élevée - tout le reste est secondaire, même la béatitude, l'extase. Il y a des milliers de fleurs, innombrables, mais elles deviennent toutes possibles dans le climat de liberté.

Avant d'entrer dans notre méditation, je dois réveiller tous ceux qui se sont déjà endormis.

Dodoski et Nerdski sont incarcérés dans la prison locale, accusés d'avoir troublé la paix et d'être ivres et désordonnés.

Cet après-midi-là, le sergent Crapski emmène les garçons sur un grand terrain pour qu'ils fassent un travail de civisme pendant qu'ils purgent leur peine.

"Ok," dit le flic. "Comme je vous l'ai déjà dit, vous pouvez commencer à creuser cette tranchée."

L'agent donne une pelle à chacun d'entre eux, désigne vaguement le terrain de dix acres, puis s'en va.

Nerdski regarde autour de lui pendant un moment, puis se tourne vers Dodoski et dit : "Creuser quelle tranchée ? Je ne vois pas de tranchée."

... Est-ce que l'un d'entre vous voit ?

Nerdski est au chômage, alors il va à Beverly Hills. Il va de manoir en manoir, proposant de faire des petits boulots. Finalement, dans une immense propriété, Nerdski frappe à la porte.

"Vous avez des travaux à faire ?" demande-t-il.

"Que pouvez-vous faire ?" demande le propriétaire.

"Je suis un très bon peintre", répond Nerdski.

"Super !" dit l'homme en lui tendant un pot de peinture verte. "Tu peux faire le tour de l'arrière et peindre le porche en vert. Il est assez grand, donc ça te prendra probablement toute la journée."

Mais deux heures plus tard, Nerdski frappe à nouveau à la porte d'entrée. "J'ai fini ce porche", dit-il au propriétaire.

"Wow," dit l'homme. "C'était vraiment rapide."

"Aucun problème pour moi", dit fièrement Nerdski. "Je suis un professionnel."

"Ok," dit l'homme. "Voici votre argent."

"Merci", dit Nerdski et se tourne pour partir. "Au fait," ajoute-t-il. "Ce n'est pas un porche, c'est une Ferrari !"

Kowalski est en vacances dans une petite ville des Alpes italiennes. Après quelques nuits solitaires, il commence à ressentir le besoin d'une femme. Il demande donc au barman local comment trouver les dames de la ville.

"On n'a pas de prostituées", répond le barman. "Le prêtre ne le permettrait jamais. Mais la chose que vous voulez, c'est qu'on la garde hors de vue."

"Qu'est-ce que je dois faire ?" demande Kowalski.

Le barman explique que dans les montagnes, il y a des grottes. "Allez-y après la tombée de la nuit", dit-il.

"Et crie 'Yoo-Hoo !'

dans la grotte. Et si la dame rappelle, "Yoo-Hoo,

vous travaillez sur le prix.

Si elle est occupée, vous n'aurez pas de réponse."

Cette nuit-là, Kowalski se rend de grotte en grotte, mais sans succès. Finalement, il décide de retourner en ville pour se saouler, mais au pied de la montagne, il trouve une grotte qu'il n'a jamais vue auparavant.

"Yoo-Hoo, Yoo-Hoo !" crie-t-il.

"Yoo-Hoo, Yoo-Hoo !" est la réponse claire.

Kowalski se précipite donc dans la grotte - et est renversé par un train !

Jimmy est perdu dans le désert avec deux amis, Billy et Sammy. Ils errent pendant deux jours, mourant presque de soif, jusqu'à ce qu'ils arrivent dans un couvent.

Ils frappent à la porte et la mère supérieure répond.

"De l'eau, de l'eau, s'il vous plaît, donnez-nous de l'eau !" gémissent-ils.

"Oh, non," dit la nonne. "Nous avons eu un homme ici avant. Si vous voulez venir chercher de l'eau, vous devez nous laisser vous couper la queue."

Les trois gars s'enfuient dans le désert. Mais deux jours plus tard, ils se disent qu'ils vont mourir de toute façon, alors tant pis. Ils retournent au couvent et disent qu'ils acceptent la condition.

Ils sont amenés et la nonne en chef emmène Billy dans une autre pièce. Il y a un court cri et ensuite la nonne revient pour Sammy. Elle l'emmène dans une autre pièce et il y a un autre, plus long, cri. Mais quand elle revient pour Jimmy, il est terrifié.

"Une minute !", crie-t-il. "Comment tu leur as coupé la queue ?"

"Simple", dit la religieuse. "Nous leur demandons quelle est leur profession. Le premier type est un boucher, alors nous le coupons avec un couteau. Le deuxième est charpentier, alors on le scie."

À ce moment-là, Jimmy se met à rire de façon hystérique et à verser des larmes sur ses joues.

"Qu'est-ce qui est si drôle ?" demande la nonne.

"Vous allez avoir des problèmes avec moi", dit Jimmy en riant. "Je travaille pour Kwality Ice Cream !"

Maintenant... tout le monde est réveillé.

Nivedano ...

(Battement de tambour)

(Gibberish)

Nivedano ...

(Battement de tambour)

Soyez silencieux...

Fermez les yeux...

Vous avez l'impression d'être gelé.

Entrez.

Plus vous serez profond, plus vous ferez l'expérience de votre nature de bouddha.

Au plus profond, vous êtes l'ultime réalité -

immortel, éternel, avec toutes les bénédictions que vous pouvez concevoir.

Ne manquez pas cette occasion.

C'est la chose la plus simple du monde d'y aller ... parce que c'est votre propre maison.

Vous n'avez même pas besoin de frapper aux portes.

En fait, il n'y a pas de portes à l'intérieur.

C'est un espace ouvert, un ciel ouvert.

Mais connaître ce ciel ouvert, c'est réaliser le principe sans mort de votre existence.

Plus profond, plus profond, et plus profond...

Buvez ce jus de vie jusqu'à satiété.

Et souviens-toi de cette paix, de ce silence, de cette félicité.

Dans la journée, quoi que vous fassiez, ne l'oubliez pas.

Comme un courant de fond, laissez-le rester là. Et lentement, lentement, il changera toute la structure de votre vie.

Pour être plus clair - très clair, Nivedano ...

(Battement de tambour)

Tu te détends...

laisser aller ...

comme si vous étiez mort.

Un jour, tu le feras.

C'est juste une répétition.

Laisse le corps, oublie l'esprit...

et bougez aussi profondément que possible, comme une flèche... rapidement, en touchant le centre.

C'est le Bouddha.

Nivedano ...

(Battement de tambour) Reviens.

Mais revenez en tant que bouddhas, connaissant parfaitement votre être éternel.

Il suffit de s'asseoir pendant quelques secondes pour se rappeler le souvenir du territoire que vous avez parcouru, du centre que vous avez touché.

Laissez-le devenir votre respiration, laissez-le devenir votre battement de cœur.

Être un bouddha est si simple, tu n'as pas besoin d'aller quelque part.

Tu dois juste arrêter d'aller n'importe où, et juste être à l'intérieur de toi.

Ok, Maneesha ?
Oui, Maître bien-aimé.
Peut-on célébrer les dix mille bouddhas ?
Oui, Maître bien-aimé.

Bois de chauffage et cendres

Notre
MAÎTRE BIEN-AIMÉ,
DOGEN CONTINUE :

LORSQUE NOUS REGARDONS LE RIVAGE DEPUIS NOTRE BATEAU, NOUS AVONS, À TORT, L'IMPRESSION QUE LE RIVAGE BOUGE. MAIS LORSQUE NOUS REGARDONS NOTRE BATEAU AVEC ATTENTION, NOUS DÉCOUVRONS QUE C'EST NOTRE BATEAU QUI EST EN FAIT EN MOUVEMENT. DE MÊME, LORSQUE NOUS VOYONS TOUTES CHOSES AVEC L'IDÉE ILLUSOIRE QUE NOTRE CORPS ET NOTRE ESPRIT SONT SÉPARÉS L'UN DE L'AUTRE, NOUS PENSONS À TORT QUE L'ESPRIT ET LA NATURE INNÉS SONT ÉTERNELS. MAIS LORSQUE NOUS RÉALISONS QUE NOTRE CORPS ET NOTRE ESPRIT SONT INSÉPARABLES, NOUS VOYONS CLAIREMENT QUE TOUTES LES CHOSES NE SONT PAS SUBSTANTIELLES.

LE BOIS DE CHAUFFAGE, LORSQU'IL EST BRÛLÉ, DEVIENT DE LA CENDRE ; LA CENDRE NE REDEVIENT JAMAIS DU BOIS DE CHAUFFAGE. NOUS NE DEVONS PAS CONSIDÉRER LE BOIS DE CHAUFFAGE COMME UN AVANT, ET LA CENDRE COMME UN APRÈS. NOUS DEVONS RÉALISER QUE LE BOIS DE CHAUFFAGE EST DANS LA POSITION DU BOIS DE CHAUFFAGE AVEC OU SANS AVANT ET APRÈS. LA CENDRE EST DANS LA

POSITION DE LA CENDRE AVEC OU SANS AVANT ET APRÈS.

NOUS NE POUVONS PAS PLUS REVENIR À LA VIE APRÈS NOTRE MORT QUE LE BOIS DE CHAUFFAGE NE PEUT REDEVENIR DU BOIS DE CHAUFFAGE APRÈS ÊTRE DEVENU DE LA CENDRE. DANS LE BOUDDHISME, ON DIT DONC QUE LA VIE NE DEVIENT JAMAIS LA MORT ; LA VIE EST AU-DELÀ DE LA CONCEPTION DE LA VIE.

IL EST DIT QUE LA MORT NE DEVIENT PAS LA VIE ; LA MORT EST AU-DELÀ DE LA MORT. LA VIE ET LA MORT NE SONT TOUTES DEUX QU'UNE ÉTAPE DU TEMPS, TOUT COMME L'HIVER ET LE PRINTEMPS.

DE MÊME, NOUS NE DEVONS PAS PENSER QUE L'HIVER DEVIENT LE PRINTEMPS, NI DIRE QUE LE PRINTEMPS DEVIENT L'ÉTÉ.

Maneesha, Dogen est essentiellement préoccupé par l'idée de réincarnation. Le christianisme ne l'accepte pas, le mahométanisme ne l'accepte pas, le judaïsme ne l'accepte pas non plus ; elle n'est acceptée que par les religions qui sont nées en Inde. Elles peuvent différer sur tous les aspects de la vie, mais sur un point elles sont absolument d'accord. Et ce n'est pas un accord d'un jour - depuis des milliers d'années, elles sont d'accord sur l'idée de la réincarnation.

Dans le christianisme, le mahométanisme ou le judaïsme, votre durée de vie est très courte, juste entre le berceau et la tombe - peut-être soixante-dix ou quatre-vingts ans. Avec la mort, vous êtes fini. Mais dans l'expérience orientale, avec la mort, vous ne faites que changer de forme. Vous n'êtes pas fini, vous continuez. Votre continuité est éternelle. Vous prendrez de nombreuses formes... de nombreuses expériences, de nombreuses façons d'être.

En Orient, l'univers entier est conçu comme une période d'enseignement. Les arbres apprennent à être des arbres, les oiseaux apprennent à être des oiseaux. L'univers entier est exactement une grande université, une occasion d'apprendre une forme et aussi d'apprendre que derrière la forme se cache votre être sans forme.

Des milliers de fois, vous avez vécu sous différentes formes, expérimenté différentes manières. Il est certain que l'expérience d'être un arbre est totalement différente de celle d'être un oiseau ou un lion. Mais la vie essentielle est une.

C'est de cette expérience de la vie essentielle qu'est née la théorie de la réincarnation. Et si vous allez plus profondément dans votre intériorité... vous pouvez vous déplacer si profondément que vous commencerez à toucher non seulement votre naissance, vos neuf mois dans le ventre de votre mère, mais aussi la mort de la forme précédente.

C'est une expérience formidable de savoir que vous avez déjà été ici auparavant, car cela donne une autre dimension à votre conscience ; si vous avez été ici dans le passé, vous serez ici dans le futur.

Le passé et le futur sont tous deux en équilibre - le moment présent n'est que le moment d'équilibre. Et si vous pouvez creuser profondément dans le moment présent, vous pouvez faire l'expérience non seulement de vos vies passées ; il est possible - si votre effort est vraiment total - que vous puissiez commencer à avoir des aperçus de vos possibilités futures.

Gautam Buddha aurait dit que nous ne commençons jamais notre voyage - il est éternel. Vous ne pouvez pas atteindre le point, en explorant à l'intérieur de vous-même, où vous avez commencé le voyage. Vous ne pouvez pas trouver cet arrêt de bus. Vous avez toujours été en mouvement, en voyage. On ne peut donc pas trouver le début, il n'est pas là. Mais la fin peut être trouvée.

Vous serez surpris d'y penser - que la mort ordinaire n'est pas une mort parce que la conscience passe à une autre forme. Un oiseau devient un arbre, un arbre devient un animal, un animal devient un être humain. Mais si l'expérience de toutes vos vies passées vous amène soudain à l'idée que vous êtes éternel, à ce moment précis vous êtes désidentifié de la structure corps-esprit.

Et cette désidentification est la vraie mort. Maintenant, vous ne prendrez pas une autre forme, vous entrerez dans le sans-forme. C'est ce qu'on appelle la grande mort.

Mais pour avoir une grande mort, il faut avoir une grande vie. La vie ordinaire est si tiède que la mort ordinaire ne peut pas changer grand-chose ; elle ne peut que changer le vêtement extérieur, le sac en papier dans lequel vous avez vécu. Éclater hors de toute forme - une conscience, une intensité, une totalité formidables... vous tirez tout de vous-même vers un point unique - et soudain toutes les formes disparaissent. Comme une brise, invisible, vous entrez dans le sans-forme. Il faut s'en souvenir avant de parler de Dogen, car c'est exactement le contexte de ce qu'il essaie de dire à la manière zen.

DOGEN CONTINUE :

LORSQUE NOUS REGARDONS LE RIVAGE DEPUIS NOTRE BATEAU, NOUS AVONS, À TORT, L'IMPRESSION QUE LE RIVAGE BOUGE. MAIS LORSQUE NOUS REGARDONS NOTRE BATEAU AVEC ATTENTION, NOUS DÉCOUVRONS QUE C'EST NOTRE BATEAU QUI BOUGE EN RÉALITÉ.

Aujourd'hui, très peu de gens ont l'expérience des bateaux. Dogen s'adressait à des personnes qui voyageaient continuellement en bateau, car le Japon n'est pas une seule île, mais plusieurs îles réunies, et les gens se déplacent continuellement en bateau d'une île à l'autre.

Mais dans votre expérience, vous avez peut-être... assis dans un train, vous voyez soudain qu'un autre train, qui était assis sur la voie de garage, s'est mis en mouvement. Mais votre expérience est si claire que vous vous déplacez. Puis vous regardez de l'autre côté - la gare est toujours là. Alors, certainement, l'autre train est en mouvement. Mais la gare a disparu, alors le mouvement de ce train était une illusion ; votre train est en mouvement.

Le mouvement est relatif, tout comme en géométrie deux lignes parallèles ne se rencontrent jamais.

Albert Einstein, l'homme qui a introduit l'idée de la relativité dans le monde de la science, affirme que si deux fusées se déplacent dans le ciel à la même vitesse, aucun des passagers de l'une ou l'autre des fusées ne sentira qu'il y a un mouvement. En effet, pour ressentir un mouvement, il faut quelque chose d'immobile sur le côté ; il s'agit d'une expérience relative. Les deux fusées se déplacent dans un ciel ouvert et silencieux à la même vitesse ; naturellement, vous voyez qu'il n'y a pas de mouvement dans l'autre fusée. Et comment peut-il y avoir du mouvement dans votre fusée ? S'il y en avait, vous auriez dépassé l'autre fusée. Aucun des passagers de l'une ou l'autre des fusées ne rêvera de mouvement, car il n'y a rien de stable autour d'eux ; des deux côtés, il n'y a que du ciel pur. Ils peuvent vivre dans l'illusion tant qu'ils continuent à se déplacer à la même vitesse.

Selon Albert Einstein, une conclusion très étrange ... bien sûr, elle n'a pas encore été testée, mais elle semble possible. Si les passagers des deux fusées ne ressentent aucun mouvement, ils deviendront très immobiles et très silencieux. Non seulement dans leur esprit, mais même dans les cellules de leur corps, le silence de l'absence de mouvement pénétrera. Il sera si énorme, si écrasant, qu'à leur retour - vous serez surpris - tous leurs amis, leurs anciens collègues, auront vieilli de dix ans et eux n'auront pas vieilli du tout. Ces dix ans, ils les ont manqués. Ils n'ont pas bougé d'un pouce, ni dans leur corps ni dans leur esprit, parce que le mouvement a cessé d'être leur expérience.

Einstein en était absolument certain - et je suis d'accord avec lui. Il semble absurde qu'un voyageur revienne et découvre que sa propre génération est terminée et qu'une nouvelle génération a pris la relève, parce qu'il est parti longtemps, en voyageant dans le ciel. Mais quand il n'y a pas de mouvement autour de vous, lentement, lentement, ce non-mouvement arrête tout ce qui bouge en vous : l'esprit, le corps - tout.

Même lui a été choqué lorsqu'il a proposé cette théorie. Il faudra encore quelques années pour que nous soyons absolument certains de ce qu'il disait, car même pour atteindre l'étoile la plus proche, il faut quatre ans, et le voyage de retour dure huit ans - et il s'agit de l'étoile la plus proche. Nous ne disposons pas encore d'un véhicule capable de se déplacer - sans stations de carburant continues en chemin - pendant quatre ans.

Deuxièmement, à partir du moment où vous êtes hors de l'emprise de la gravitation ..... Vous ne ressentez pas la gravitation parce que vous êtes né dans la gravitation. Sinon, la terre vous tire vers le bas de manière si puissante... la plupart de votre vieillissement est dû à l'attraction de la terre. La zone de gravitation est de 300 km autour de la terre.

Une fois que vous êtes hors de la zone de gravitation, il n'y a rien qui vous tire vers le bas ; vous restez simplement le même. La même gravitation qui vous tue vous maintient également enraciné, car sans gravitation, vous serez tout simplement partis - vous vous direz simplement au revoir et vous vous déplacerez dans l'éternel, sans jamais vous rencontrer à nouveau. C'est si vaste... et la vitesse sera telle que vous serez brûlés par cette vitesse.

Il y a des problèmes pratiques ; c'est pourquoi Albert Einstein n'a pu convaincre personne de prendre le risque. La vitesse doit être exactement celle de la lumière - c'est la vitesse ultime. Cent quatre-vingt-six mille miles par seconde - à cette vitesse, tout s'arrête. Vous pouvez faire le tour de l'univers pendant des milliers d'années et vous reviendrez sur la terre identique, aussi jeune que vous l'aviez quittée. Mais ce n'est que théorique et hypothétique ; c'est difficile, pour la simple et pragmatique raison qu'à la vitesse de la lumière, aucun métal ne peut rester intact. La chaleur est telle que le véhicule dans lequel vous vous déplacez va fondre, vous brûlant avec lui.

Vous regardez ... près de trois mille pierres tombent chaque jour sur la terre, partout sur la terre. Vous pensez que ce sont des étoiles qui tombent. Les étoiles sont très grandes, mais ce ne sont que de petites pierres qui ont été prises dans la zone gravitationnelle de la terre, et la terre les a tirées. Mais la force d'attraction est telle que même les pierres brûlent. La plupart de ces trois mille pierres n'atteignent jamais la terre ; elles sont brûlées avant de l'atteindre. Quelques pierres ont atteint la terre et sont devenues de grands lieux sacrés. Par exemple, la Kaaba - le lieu saint des musulmans - est un astéroïde, une pierre qui ne vient pas de la terre. Ce n'est pas parce que les gens voyaient cette grosse pierre venant du ciel... l'esprit primitif pensait qu'elle devait venir de Dieu. Et elle venait, brillante comme un soleil, si grande qu'elle atteignait la terre. Dans de nombreux musées, vous trouverez ces pierres, qui sont appelées météorites.

Ces pierres brûlent à cause de la vitesse. Donc, si nous fabriquons un véhicule, nous devons trouver quelque chose qui ne brûlera pas à la vitesse de la lumière. Jusqu'à présent, rien n'indique que nous puissions créer un véhicule ou un matériau capable de se déplacer à la vitesse de la lumière. Et à moins de nous déplacer à la vitesse de la lumière, nous ne pourrons pas atteindre l'étoile la plus proche. En tenant compte de cette vitesse, l'étoile la plus proche se trouve à quatre années-lumière. C'est une si longue distance, et nos petits bateaux, nos avions et nos fusées ne sont encore, en termes d'avenir, que des jouets.

Mais la conscience n'a pas besoin de forme pour voyager, elle peut donc se déplacer à la vitesse de la lumière. C'est la façon orientale de voir les choses : vous avez parcouru de nombreuses planètes dans de nombreuses vies différentes, et pas seulement sur cette terre. Les scientifiques admettent qu'il y a au moins cinq cents planètes avec de la vie, mais il n'y a pas de communication. Toutes sortes d'efforts sont déployés pour établir une sorte de dialogue ou pour trouver un moyen de savoir exactement qui est là. Mais c'est une limitation du corps.

Pour un homme de conscience, pour un homme qui est un bouddha, il n'y a pas de limitation. Aucune gravitation ne l'empêche, aucune chaleur ne peut le brûler. Il peut voyager sous différentes formes, prendre naissance sur différentes planètes.

L'idée de la réincarnation est un très grand défi. Il ne s'agit pas d'argumenter, il s'agit d'expérimenter en soi ce qui ne peut être brûlé, ce qui se souvient d'avoir été dans d'autres corps. Et s'il peut se déplacer d'un corps à l'autre, il n'y a aucune difficulté pour lui à se déplacer d'une planète à l'autre. Et finalement, il doit quitter toutes les formes et se disperser dans l'être universel. C'est le nirvana.

Nirvana est l'un des mots les plus beaux ; je ne pense pas qu'il existe un autre mot, dans quelque langue que ce soit, qui ait autant d'importance et de signification. D'ordinaire, il signifie simplement "éteindre la flamme".

Vous avez une bougie, et la flamme danse, et vous l'éteignez. Pouvez-vous dire où la flamme est allée ? Elle doit être partie quelque part. Le nirvana signifie : votre vie est comme une flamme - quand il devient difficile de vivre dans un corps, une forme, elle se déplace simplement vers une autre forme. L'autre forme est déterminée par ses désirs, ses envies. Soyez très conscient de vos désirs et de vos envies, car ils créent déjà la graine d'une nouvelle forme, à votre insu.

J'ai fait l'expérience, avec de nombreuses personnes, de les ramener à leurs anciennes formes. Et j'ai été surpris - parce qu'il n'y a aucune mention de ce fait dans les écritures orientales - que quelqu'un qui est un homme, lorsqu'il se souvient, se souvienne de lui-même comme d'une femme dans sa vie passée. S'il va plus loin, il se souvient à nouveau de lui en tant qu'homme.

Au début, j'étais perplexe, car cela n'est mentionné nulle part. Mais ensuite, j'ai compris que chaque femme désirait être un homme. Elle pense : "Je suis confinée à la maison, et l'homme profite de tout." Et chaque homme pense, de temps en temps, "La beauté, le mystère d'une femme...". Il est donc très naturel que vous soyez déjà en train de créer votre autre forme sans le faire consciemment. Si vous êtes un homme, vous naîtrez en tant que femme. Et c'est un cercle vicieux, car lorsque vous mourez, vous mourez inconsciemment ; lorsque vous naissez, vous naissez inconsciemment. Vous ne savez donc pas d'où vous venez, ni quelle est la raison pour laquelle vous avez pris cette forme.

Le fondement même de la méditation est de vous rendre si alerte que vous pouvez voir la formation de graines et de désirs et les laisser tomber. Si tu peux mourir sans une graine...

Si vous mourez à moitié, pas totalement, avec quelque chose d'incomplet, avec quelque chose que vous vouliez faire et que la mort s'est interposée - alors vous ne pouvez pas espérer disparaître dans l'universel. Alors la flamme prendra une autre maison, selon vos désirs, vos réincarnations.

Méditer signifie simplement laisser tomber, lentement, tous vos désirs. Et lorsque la mort arrive, célébrez-la ; célébrez-la parce que tout est complet et que vous êtes prêt. Cette préparation et cette complétude vous donneront la liberté ultime de l'absence de forme. Cette absence de forme est le nirvana.

Tous ces bouddhas, comme Dogen, pointent vers cette absence de forme. D'abord, il parle de la relativité :

LORSQUE NOUS REGARDONS LE RIVAGE DEPUIS NOTRE BATEAU, NOUS AVONS, À TORT, L'IMPRESSION QUE LE RIVAGE BOUGE. MAIS LORSQUE NOUS REGARDONS NOTRE BATEAU AVEC ATTENTION, NOUS DÉCOUVRONS QUE C'EST NOTRE BATEAU QUI BOUGE EN RÉALITÉ. DE MÊME, LORSQUE NOUS VOYONS TOUTES CHOSES AVEC L'IDÉE ILLUSOIRE QUE NOTRE CORPS ET NOTRE ESPRIT SONT SÉPARÉS L'UN DE L'AUTRE, NOUS PENSONS À TORT QUE L'ESPRIT ET LA NATURE INNÉS SONT ÉTERNELS. MAIS LORSQUE NOUS RÉALISONS QUE NOTRE CORPS ET NOTRE ESPRIT SONT INSÉPARABLES, NOUS VOYONS CLAIREMENT QUE TOUTES LES CHOSES NE SONT PAS SUBSTANTIELLES.

Le corps a une matérialité. Lorsque quelqu'un meurt, tous les éléments du corps se dissolvent dans leurs sources : l'eau dans l'eau, l'air dans l'air et la terre dans la terre. Un seul oiseau invisible, en apesanteur .... Dans le cadre d'expériences, on a pesé un homme de son vivant, puis on l'a pesé à nouveau après sa mort. Le poids ne diffère pas ; il a le même poids les deux fois. Pour l'esprit objectif, cela signifie que rien ne s'est déplacé, car s'il y a une âme qui se déplace hors du corps, elle aurait certainement un poids. On a même fait des expériences en plaçant le mourant dans une boîte en verre, afin de voir si quelque chose en sortait ..... Elle devra briser le verre quelque part. Mais le verre reste intact alors que l'homme meurt.

Ces éléments ont conforté les athées, qui affirment que l'âme n'existe pas. Ces conclusions sont absolument rationnelles mais stupides. Il n'y a aucune contradiction à être à la fois stupide et rationnel. Bien sûr, la personne intellectuelle sera plus profondément stupide que les idiots ordinaires ; les idiots ordinaires sont des gens simples. Mais il y a des idiots extraordinaires, et à cause de leur rationalité, ils ont orienté l'esprit de la quasi-totalité du monde vers le matérialisme.

La moitié du monde est communiste, qui ne croit pas qu'il y ait quelque chose dans le corps ; ce n'est qu'une combinaison de matériaux. L'autre moitié du monde, qui se croit spirituelle, ne fait que penser ; elle n'expérimente jamais.

L'expérience ne doit pas être réalisée dans un laboratoire scientifique.

Il faut le faire à l'intérieur de soi.

C'est ce que nous faisons ici - trouver quelque chose d'immatériel, invisible pour les yeux, intouchable par les mains, mais qui est pourtant le cœur même de notre être, la palpitation même de notre être. Une fois qu'on l'a connue, toute peur de la mort disparaît. Et un nouveau courage - si frais comme une rose du matin, avec encore des gouttes de rosée qui brillent au soleil - un nouveau courage pour se rebeller contre tout ce qui est traditionnellement accepté, qui peut être rationnellement accepté mais qui n'est pas basé sur l'expérience réelle de la méditation ...

En dehors de la méditation, il n'y a aucun moyen de décider si vous n'êtes que de la matière ou s'il y a quelque chose d'immatériel. Sans cette partie immatérielle, vous perdez toute votre splendeur. Seule cette partie immatérielle de votre être vous donne de la dignité ; elle fait de vous non seulement un homme, mais vous rend capable de toucher le plus haut sommet, celui de bouddha.

LE BOIS DE CHAUFFAGE, LORSQU'IL EST BRÛLÉ, DEVIENT DE LA CENDRE ; LA CENDRE NE REDEVIENT JAMAIS DU BOIS DE CHAUFFAGE. POURTANT, NOUS NE DEVRIONS PAS CONSIDÉRER LE BOIS DE CHAUFFAGE COMME UN AVANT, ET LA CENDRE COMME UN APRÈS. NOUS DEVONS RÉALISER QUE LE BOIS DE CHAUFFAGE EST DANS LA POSITION DU BOIS DE CHAUFFAGE AVEC OU SANS AVANT ET APRÈS. LA CENDRE EST DANS LA POSITION DE LA CENDRE AVEC OU SANS AVANT ET APRÈS.

Ce que Dogen essaie de dire, c'est que lorsque le bois de chauffage disparaît dans un tas de cendres, il ne faut pas penser que quelque chose d'existant a changé - seule la forme a changé. La cendre était présente dans le bois de chauffage, non manifestée. Le feu a aidé la cendre à devenir manifeste et visible.

Ce sont des façons de dire certaines choses qui sont plus difficiles à dire directement. Mais je peux vous les dire directement ; ce n'est pas une assemblée de chercheurs de maternelle. Ce que vous êtes, vous l'avez déjà été auparavant, quelle que soit la forme, et si vous pouvez vous découvrir vous-même, peu importe la forme que vous prendrez. Et si vous pouvez pénétrer votre soi jusqu'à son centre - car votre soi a une circonférence et un centre ..... Si vous restez à la circonférence, vous vous déplacerez vers une autre forme - mais si votre flèche atteint le centre même, vous avez dépassé les formes. Vous êtes maintenant capable de ne faire qu'un avec l'univers ; vous pouvez maintenant chanter avec les oiseaux, danser avec les fleurs, briller avec les étoiles. D'une petite goutte de rosée, vous êtes devenu l'océan même.

En Amérique, qui a produit très peu d'hommes qui méritent d'être cités, un homme est certainement important, mais semble être presque oublié. Il s'agit de William James. Il a introduit ce beau mot "océanique". Les gens l'ont oublié, lui et son mot, parce que très peu de gens atteignent cette expérience. Mais ici, tout le monde doit atteindre l'expérience ... de la goutte de rosée à l'océan.

Si vous ne faites pas l'expérience de l'océan, en vous répandant dans les dix directions, dans une liberté absolue, vous n'avez pas utilisé la grande opportunité de la vie.

Dogen dit que nous ne pouvons pas plus revenir à la vie après notre mort que le bois de chauffe ne peut redevenir du bois de chauffe après être devenu de la cendre. DANS LE BOUDDHISME, IL EST DONC DIT QUE LA VIE NE DEVIENT JAMAIS LA MORT ; LA VIE EST AU-DELÀ DE LA CONCEPTION DE LA VIE. IL EST DIT QUE LA MORT NE DEVIENT PAS LA VIE ; LA MORT EST AU-DELÀ DE CELLE DE LA MORT. LA VIE ET LA MORT NE SONT TOUTES DEUX QU'UNE ÉTAPE DU TEMPS, TOUT COMME L'HIVER ET LE PRINTEMPS. DE MÊME, IL NE FAUT PAS PENSER QUE L'HIVER DEVIENT LE PRINTEMPS, NI DIRE QUE LE PRINTEMPS DEVIENT L'ÉTÉ.

Dogen dit que les formes ne se transforment pas en d'autres formes. L'hiver reste l'hiver, l'été reste l'été, mais quelque chose d'intérieur passe d'un climat à un autre climat... qui est au-delà de la naissance et au-delà de la mort, qui est au-delà de la vie, qui est tout simplement. Vous pouvez lui donner n'importe quelle forme, n'importe quel aspect, mais vous ne pouvez pas lui ôter son caractère unique. Cette isité est la plus grande découverte de l'Orient, l'Occident est passé complètement à côté.

Un haïku par Hokushi court :

LA LUNE SUR LE PIN ; JE CONTINUE À L'ACCROCHER - À L'ENLEVER ET À LA CONTEMPLER À CHAQUE FOIS.

Je vous ai dit que la lune est l'un des grands symboles de l'école mystérieuse du zen... vous rencontrerez la lune de nombreuses fois sous différents aspects.

LA LUNE SUR LE PIN ; JE CONTINUE À L'ACCROCHER ...

Essayez juste de comprendre la poésie.

JE N'ARRÊTE PAS DE L'ACCROCHER - DE L'ENLEVER ET DE LE REGARDER À CHAQUE FOIS.

Vous ne pouvez certainement pas accrocher la lune et l'enlever ; mais ce que vous pouvez faire, c'est ouvrir les yeux et les fermer. Lorsque vous fermez les yeux, vous avez enlevé la lune. Lorsque vous ouvrez les yeux, vous faites revenir la lune. Et la contempler à chaque fois ne comble jamais le désir, l'aspiration à la beauté.

Un autre haïku se déroule ainsi : UNE LUNE PLEINE ; DES ETOILES SANS NOMBRE ; LE CIEL VERT FONDANT.

Ce ne sont pas des poésies ordinaires, ce sont des expressions de méditation profonde. On a constaté que la nuit, et en particulier les nuits de pleine lune, sont très propices à la méditation. La science elle-même soupçonne que la lune a un certain effet sur l'esprit, car la plupart des personnes qui deviennent folles le deviennent les nuits de pleine lune, d'où le mot "lunatique". Il vient de luna, la lune. Un autre mot est "moonstruck".

....

Il y a plus de personnes qui se suicident à la pleine lune qu'à n'importe quel autre moment, et plus de personnes qui deviennent éclairées à la pleine lune qu'à n'importe quel autre moment. La science a ses propres raisons .... La lune est en réalité une partie de la terre. Il y a environ quatre milliards d'années, une grande partie de la terre s'est séparée de la terre. Tous nos grands océans sont dus à ce morceau ; de profondes vallées ont été laissées pour que la pluie les remplisse et elles sont devenues les océans.

La lune a un sixième de la gravitation de la terre, parce qu'elle a un sixième de sa taille. Cela signifie qu'en regardant la lune, vous devenez lentement, lentement plus léger, la gravitation est moindre sur votre être.

C'est l'explication du scientifique. Et vous pouvez voir l'effet sur les mers, parce qu'elles tiennent la place de la lune ... où la lune était autrefois. C'est pourquoi, à la pleine lune, il y a de grandes marées. Dans le corps humain, il y a quatre-vingt pour cent d'eau, de l'eau de mer avec les mêmes produits chimiques.

Tout comme les marées se produisent dans l'océan, quelque chose se produit dans l'être humain. S'il est sur la bonne voie, il peut peut-être devenir illuminé.

Et s'il est sur la mauvaise voie, il peut se suicider, commettre un meurtre ou devenir fou... il y a des milliers de façons. Mais il n'y a qu'une seule voie qui atteint votre sensibilité ultime, la voie de la méditation, la voie qui consiste à fermer toutes les portes de sortie et à être dedans.

Et de temps en temps, ces méditants zen ont ouvert les yeux et ont vu la lune, un coucher de soleil ou un lotus, et de leur méditation est née une certaine expression. Seule la méditation vous permettra de la comprendre - ce n'est pas de la poésie, ce n'est pas écrit avec l'esprit, c'est un sentiment sincère.

UNE LUNE PLEINE, DES ÉTOILES SANS NOMBRE, UN CIEL VERT FONCÉ.

Si vous êtes en profonde méditation et que vous voyez ce ciel sombre avec tant d'étoiles et une seule lune, immédiatement votre silence deviendra immensément plus profond.

Ces haïkus n'ont pas de sens pour ceux qui n'ont rien expérimenté de la méditation.

Un haïku par Shiki :

LUNE DU SOIR :

LES FLEURS DE PRUNIER COMMENCENT À TOMBER SUR LE LUTH.

Ce sont des images vues par une conscience profondément méditative. Elles ne signifient rien, elles ne sont pas censées avoir une quelconque signification, elles sont picturales.

Une fois, Picasso a été interrogé sur .... Un homme l'observait en train de peindre sans interruption pendant des heures ; finalement, il a dit : "Je ne peux pas m'empêcher de demander, parce que je vous regarde peindre depuis des heures, mais je n'arrive pas à donner un sens à ce que vous peignez. Qu'est-ce que c'est ? Quelle en est la signification ?"

Picasso a regardé l'homme et a dit, "Je ne sais pas. Vous pouvez demander au tableau vous-même."

L'homme a dit : "Vous êtes fou ou quoi ?"

Picasso a répondu : "Peut-être, mais personne ne demande à la rose : "Pourquoi es-tu si belle ? Pourquoi es-tu là ?

Personne ne demande un coucher de soleil, personne ne demande une pleine lune, mais tout le monde continue à me harceler : "Quelle est la signification de votre peinture ?".

Il n'y a pas de signification, c'est une déclaration. J'ai énormément apprécié, juste les couleurs, qui se fondent les unes dans les autres, créant des motifs étranges."

Le sens n'est pas plus pertinent dans le monde de la beauté. Et que dire du monde de la méditation ?

- pas de sens, seulement une signification. C'est pourquoi ceux qui ont fait l'expérience sont restés silencieux, ou n'ont parlé que pour vous indiquer le chemin du silence.

Question 1 :

Maneesha a demandé,

NOTRE MAÎTRE BIEN-AIMÉ,

QUEL EST NOTRE INVESTISSEMENT DANS LA RÉPRESSION DE NOTRE MÉMOIRE DES MORTS PRÉCÉDENTES ?

N'EST-IL PAS VRAI DE DIRE QUE SI NOUS POUVIONS NOUS SOUVENIR DE NOS MORTS, NOUS POURRIONS

PERDRE NOTRE PEUR DE LA MORT ET AINSI ÊTRE EN MESURE DE VIVRE UNE VIE SANS PEUR ?

Maneesha, c'est certainement un de nos grands investissements dans l'oubli du passé, de la vie antérieure.

Parce que si vous vous en souvenez, vous ne pourrez pas être assez stupide pour répéter le même jeu à nouveau.

Vous l'avez fait tant de fois ; vous êtes tombé amoureux, vous êtes tombé amoureux, tant de fois... tant de romances ! Notre grand investissement est que chaque fois que nous allons voir le même film, nous oublions que nous l'avons déjà vu. Sinon, vous n'irez pas voir le film, une seule fois suffit.

Mais dans la vie, on ne termine pas le travail en une seule fois, en une seule vie. Votre véritable travail est remis à plus tard et vous continuez à jouer à des jeux qui sont tout simplement puérils. Le grand investissement consiste à ne pas se souvenir de tout son passé, sinon vous vous sentirez tellement idiot qu'il vous sera impossible de profiter de la vie. Seul le suicide semblera être la bonne chose à faire. Mais le suicide ne mène nulle part, il fait simplement entrer votre conscience dans une autre matrice d'un type inférieur, parce que vous n'avez pas réussi à vivre à un niveau supérieur.

L'investissement consiste également à oublier que vous êtes mort. C'est toujours quelqu'un d'autre qui meurt, vous ne mourez jamais. Évidemment - vous voyez tous les jours, vous entendez tous les jours que quelqu'un est mort ; mais vous n'entendez jamais que vous êtes mort. Sauf dans cette salle du Bouddha où vous entendez tous les jours : "Maintenant, meurs et ne retiens rien, meurs complètement."

Les gens de l'extérieur penseront : "C'est une maison de fous. Des gens qui sont pleinement vivants meurent soudainement et n'attendent pas beaucoup... dès qu'ils sont rappelés, ils sont immédiatement de retour, assis comme des bouddhas !".

Nous faisons comprendre par nos méditations que c'est ainsi que cela s'est passé, que vous êtes mortes de nombreuses fois et que vous êtes revenues. Que vous reveniez après neuf mois ... un gaspillage inutile de temps, de la vie d'une femme ... puis que vous grandissiez et jouiez à nouveau le même rôle que vous avez joué avant .....

En Orient, le monde est appelé sansara. Sansara signifie la grande roue de la vie et de la mort. Elle continue à tourner, la même roue, et vous vous accrochez à la roue et vous continuez à avancer avec la roue d'une mort à l'autre, d'une vie à l'autre. L'investissement est que si vous n'apprenez pas la leçon, vous ne pouvez pas sortir de ce cercle vicieux de la vie et de la mort. Mais on peut en sortir. Chaque nuit, nous essayons ; vous sautez un peu... c'est une vieille habitude ; lorsque vous revenez, vous essayez simplement de trouver où se trouve la roue. Bientôt vous avez oublié le centre qui était au-delà de la vie et de la mort - soudain vous vous souvenez, "Où est la cantine ?"

On ressent naturellement la faim après une expérience aussi éprouvante de mourir et de revenir, de devenir un bouddha... sachant parfaitement que n'importe qui peut être un bouddha, "Mais moi, je ne le suis pas ; j'ai ma femme, j'ai mes enfants dont je dois m'occuper. Juste pour un moment, ça va, mais vingt-quatre heures de bouddha, ce ne sera pas seulement ennuyeux, ce sera aussi une torture pour les autres."

Dès mon enfance, j'étais intéressé par le fait de rester assis et de ne rien faire. Je n'ai jamais fait de devoirs ; mes professeurs étaient en colère : "Que fais-tu à la maison ?"

J'ai dit, "Je m'assois simplement et je profite."

Ma famille, et tous ceux qui passaient par là, disaient : "Qu'est-ce que tu fais ?"

J'ai dit : "Il n'y a pas besoin de faire quoi que ce soit - être est suffisant !"

Et ils me regardaient et me disaient : "Tu es fou ! Fais quelque chose, sinon tu finiras par ne plus être rien."

Et ils avaient raison, j'ai fini par ne rien être. Mais je suis immensément heureux d'avoir commencé très tôt à voir que la plus grande joie est à l'intérieur, personne ne peut me la donner. Je n'ai jamais participé à aucun jeu, je ne me suis jamais préoccupé d'aucun travail dont la famille avait besoin. Lentement, lentement, ma famille a commencé à considérer comme allant de soi que je n'étais plus rien - que je sois ou non ne faisait aucune différence.

J'ai apprécié les visages de ma famille lorsqu'ils me regardaient comme s'ils regardaient une personne folle ; j'aime encore m'en souvenir. Naturellement, si vous ne faites pas quelque chose, les gens pensent que vous gâchez votre vie. La réalité est que lorsque vous ne faites rien, lorsque vous êtes simplement en train d'être, vous trouvez le chemin vers votre destinée ultime.

Avant de mourir et de devenir des bouddhas ... une fois de plus, parce qu'on ne sait jamais pour demain, alors mieux vaut devenir ce soir .....

Juste quelques petits rires, car Sardar Gurudayal Singh attend très silencieusement. Et Avirbhava ....

Lorsque Gozo le gorille meurt, sa compagne, Gertie, devient très excitée. Après quelques mois, elle commence à devenir violente, car son besoin de sexe augmente. Finalement, les gardiens du zoo décident de demander à un homme de lui faire l'amour.

Ils vont en ville et ramassent Jose, un grand Mexicain, et lui offrent vingt dollars pour faire le travail.

Ils mettent une muselière sur la bouche de Gertie, attachent ses bras aux barreaux, puis font entrer le Mexicain dans la cage. Quand Gertie voit que Jose a une érection, elle devient folle. Elle arrache ses bras des barreaux et commence à l'écraser dans son étreinte.

"Au secours !" crie José. "Pour l'amour de Dieu, à l'aide !"

"Ne t'inquiète pas", crie le gardien. "On va prendre le fusil à éléphant et l'abattre !"

"Non ! Non !" crie José. "Ne la tue pas ! Enlève juste sa muselière, je veux l'embrasser !"

Dodoski a connu des temps difficiles, alors il se tourne vers le crime. Il kidnappe le fils de six ans de l'homme le plus riche de Varsovie.

Dodoski écrit la note de rançon, demande un demi-million de dollars et signe de son nom.

Mais il a oublié l'adresse de l'homme riche. Il donne donc le mot au garçon, et lui dit de le porter à son père.

Le garçon le fait, et lorsqu'il revient avec l'argent, il porte un mot de son père.

Il est écrit : "Tiens, prends l'argent sale, espèce de rat. Ce sont des types comme toi qui nous donnent une mauvaise réputation, à nous les Polonais !"

Après avoir fait la fête le samedi soir, Swami Deva Coconut est emmené à la messe du dimanche matin par sa petite amie catholique, Beverly. Comme il ne connaît pas du tout les différents rituels, Beverly ne cesse de le guider.

"Bénis-toi", murmure-t-elle. "Maintenant, agenouille-toi - assieds-toi - lève-toi - assieds-toi à nouveau - croise-toi ..." - et ainsi de suite.

Transpirant à cause de toute cette activité, Coconut sort un mouchoir de sa poche pour s'essuyer le visage.

Puis il la pose sur ses genoux pour la faire sécher.

Voyant ça, Beverly se penche et murmure : "Ta braguette est ouverte ?"

"Non", répond précipitamment Coconut, "devrait-il l'être ?"

Donald Dickstein entre dans le bureau d'un opticien, portant une boîte en carton. Il la tend à l'opticien qui l'ouvre et s'exclame : "Wow ! C'est le plus gros étron que j'ai jamais vu !".

"N'est-ce pas une beauté ?" dit Donald. "Je l'ai fait moi-même."

L'opticien est très impressionné et dit : "Il doit faire au moins deux pieds de long."

"Vingt-cinq pouces et demi, pour être exact", se vante Donald. "Et trois pouces de diamètre."

"Incroyable", dit l'opticien. "Combien pèse-t-il ?"

"Deux livres et demie", est la fière réponse.

"C'est tout simplement incroyable !" s'exclame l'opticien, incapable de détacher son regard du magnifique spécimen.

"Mais pourquoi me l'apporter ? Je suis opticien."

"Eh bien, vous voyez," dit Donald, "J'ai ce problème. Chaque fois que je fais un de ces monstres, mes yeux pleurent !"

Maintenant, Nivedano, fais un bon travail parce que le skinhead Niskriya est de retour. ....

Nivedano ...

(Battement de tambour)

(Gibberish)

Nivedano ...

(Battement de tambour)

Soyez silencieux...

Fermez les yeux...

Aucun mouvement du corps.

Laissez votre conscience entière se rassembler vers l'intérieur.

De plus en plus profond...

Vous entrez dans votre bouddhisme.

Sans aucune crainte, entrez, c'est votre propre maison.

Sauf à savoir cela, toute connaissance est inutile.

Si vous n'en faites pas l'expérience, vous avez gaspillé votre vie dans des choses banales.

C'est le moment sacré, buvez-le aussi profondément que possible.

Être trempé de part en part.

La bouddhéité n'est pas un accomplissement, ce n'est qu'une découverte, elle ne fait que rentrer dans votre sac en papier.

Vous n'êtes pas vos os,

vous n'êtes pas votre tête,

tu n'es même pas ton cœur,

vous êtes cet au-delà, ce silence.

Même si pour un seul instant vous pouvez l'expérimenter

votre vie entière sera transformée.

Pour être plus clair, Nivedano...
(Battement de tambour)
Détendez-vous... laissez vous aller... mourez.
Meurs au monde, meurs au corps,
mourir à l'esprit,
afin que seul l'éternel demeure en vous.
Cet éternel sans forme vous apporte une nouvelle naissance.
Vous êtes entré en tant qu'être humain,
vous pouvez sortir de ce ventre de l'au-delà
comme un bouddha.
Cette félicité, ce silence,
ces roses qui fleurissent en vous,
ils sont votre droit de naissance. On peut rester ignorant,
mais on ne peut être autre chose qu'un bouddha...
éveillé, éclairé,
c'est notre destin même.
Nivedano ....
(Battement de tambour)
Reviens.
sans oublier l'expérience,
s'asseoir pendant un moment, juste quelques instants
Laissez tomber le doute que vous ne pouvez pas être un bouddha.
Tu es. En dépit de vous-même, vous l'êtes.
Si cela devient un courant sous-jacent de vingt-quatre heures,
en te réveillant ou en dormant, ta vie connaîtra
ce qu'est cette existence.
Vous connaîtrez la liberté, la liberté ultime
que vous attendiez depuis longtemps
pour beaucoup, beaucoup de vies.
Ne la ratez pas cette fois-ci.
Ok, Maneesha ?
Oui, Maître bien-aimé.

Pouvons-nous célébrer dix mille bouddhas ensemble ?
Oui, Maître bien-aimé.

L'océan sans montagne

NOTRE MAÎTRE BIEN-AIMÉ,
DOGEN CONTINUE :

LORSQUE NOUS REGARDONS AUTOUR DE NOTRE BATEAU SUR L'OCÉAN SANS MONTAGNE, NOUS NE VOYONS RIEN D'AUTRE QUE LA FORME CIRCULAIRE DE L'OCÉAN. MAIS CE GRAND OCÉAN N'EST NI CIRCULAIRE NI CARRÉ ; SES AUTRES FORMES ET MOUVEMENTS SONT INNOMBRABLES. POUR LES POISSONS, IL EST COMME UN PALAIS. POUR LES ÊTRES CÉLESTES, IL EST COMME UN COLLIER. SEULEMENT AUSSI LOIN QUE L'ŒIL PEUT ATTEINDRE, ELLE APPARAÎT TEMPORAIREMENT CIRCULAIRE.

IL EN VA DE MÊME POUR TOUTES LES CHOSES. TOUTES LES CHOSES MATÉRIELLES ET IMMATÉRIELLES ONT DIVERS ASPECTS, MAIS NOUS NE POUVONS LES VOIR ET LES RÉALISER QUE PAR UNE COMPRÉHENSION PRATIQUE ....

AUSSI LOIN QUE LES POISSONS NAVIGUENT DANS L'EAU, L'EAU N'A PAS DE FIN. AUSSI LOIN QUE LES OISEAUX VOLENT DANS LE CIEL, LE CIEL N'A PAS DE FIN. MAIS AUCUN D'EUX N'A JAMAIS QUITTÉ L'EAU OU LE CIEL.

QUAND LEUR BESOIN EST GRAND, IL Y A UNE GRANDE ACTIVITÉ ; QUAND LEUR BESOIN EST PETIT, IL Y A PEU D'ACTIVITÉ. AINSI, ILS NE MANQUENT JAMAIS

D'EXPRIMER LEUR PLEINE CAPACITÉ EN CHAQUE CHOSE, ET D'EXERCER LEUR LIBRE ACTIVITÉ EN CHAQUE LIEU.

MAIS DÈS QU'UN OISEAU QUITTE LE CIEL, IL MEURT. C'EST AUSSI LE CAS LORSQU'UN POISSON QUITTE L'EAU. NOUS POUVONS NOUS RENDRE COMPTE QUE L'EAU EST LA VIE DU POISSON ; QUE LE CIEL EST LA VIE DE L'OISEAU ; QUE L'OISEAU EST LA VIE DU CIEL ; QUE LE POISSON EST LA VIE DE L'EAU ; QUE LA VIE EST UN OISEAU, OU QUE LA VIE EST LE POISSON. IL PEUT Y AVOIR DE NOMBREUSES AUTRES EXPRESSIONS À CE SUJET.

DANS LE MONDE HUMAIN, IL Y A LA PRATIQUE ET L'ILLUMINATION, OU LA LONGUE VIE ET LA COURTE VIE. C'EST AUSSI L'ÉTAT RÉEL DES CHOSES. NÉANMOINS, SI UN OISEAU OU UN POISSON ESSAIE DE TRAVERSER LE CIEL OU L'EAU APRÈS L'AVOIR COMPLÈTEMENT CONNU, IL NE TROUVERA AUCUN MOYEN DE PROGRESSER NI AUCUN ENDROIT À ATTEINDRE.

Maneesha, le mysticisme oriental a accepté des couches de réalité. La science occidentale ne connaît qu'une seule réalité - celle de la matière. Elle est pauvre, elle manque de variété. Le mysticisme oriental, dont le Zen n'est que le sommet ultime, accepte la réalité de votre moi intérieur que vous ne pouvez pas voir, ni comprendre, mais que vous êtes. Vous pouvez y être éveillé ou rester endormi, cela ne fait aucune différence pour la qualité intérieure de votre être. C'est votre réalité ultime.

Ensuite, il y a le corps, qui n'est qu'une apparence - une apparence dans le sens où il change constamment. Vous voyez une belle femme ou un bel homme et ils deviennent déjà vieux. Au moment où vous vous réjouissez de la beauté d'une rose, le moment où elle disparaît dans la terre n'est pas loin. Ce type de réalité a également sa place dans la vision orientale. Ils l'appellent l'apparence, le changement d'instant en instant. Il y a un temps pour naître et il y a un temps pour mourir. Les saisons reviendront et les fleurs s'épanouiront à nouveau. C'est l'aller-retour de l'existence dans laquelle - à l'exception de votre être, votre centre - tout continue à changer. Ce monde changeant est une réalité relative.

Et puis il y a d'autres réalités - comme les rêves. Vous savez qu'ils n'en sont pas, mais vous les voyez quand même. Non seulement vous les voyez, mais ils vous affectent. Si vous faites un cauchemar et que vous vous réveillez, vous verrez que votre cœur bat plus fort, que votre respiration est modifiée par le cauchemar. Il se peut même que vous transpiriez à cause de la peur. Vous ne pouvez pas dire que le cauchemar n'existe pas ; sinon, d'où vient cette transpiration, ce changement de rythme cardiaque et de respiration ?

La mystique orientale accepte cette troisième couche de réalité : le rêve, l'horizon que l'on voit tout autour, qui n'existe nulle part... mais que l'on peut voir de partout.

Avant que je ne vous explique Dogen, laissez ceci être l'introduction, car c'est ce qu'il essaie de dire :

que tout passe et pourtant il y a quelque chose qui ne passe jamais ; que tout naît et meurt et pourtant il y a quelque chose qui ne naît et ne meurt jamais. Et à moins de vous centrer sur cette source éternelle, vous ne trouverez pas la paix, vous ne trouverez pas la sérénité, vous ne trouverez pas la félicité, vous ne trouverez pas le contentement. Vous ne vous sentirez pas chez vous, à l'aise dans l'univers. Vous resterez un simple accident, vous ne deviendrez jamais essentiel.

Et tout l'effort du Zen, ou de toute méthode méditative, est de vous rapprocher de ce qui ne change jamais, ce qui est toujours. Il ne connaît pas le temps .... S'il n'y a pas de changement, comment peut-il y avoir un passé, un futur, un présent ? Le monde qui connaît le passé, le futur et le présent ne peut être que relativement réel - aujourd'hui il est là, demain il a disparu. Le corps auquel vous aviez tant cru meurt un jour. L'esprit auquel vous aviez tant cru ne vous suit pas, il meurt avec le corps. Il a fait partie du mécanisme du corps.

Ce qui s'envole hors du corps dans la mort est un oiseau invisible qui s'envole dans un ciel invisible. Mais si vous êtes conscient, vous danserez, car pour la première fois, vous aurez su ce qu'est la liberté. Il ne s'agit pas d'une liberté politique ou économique, mais d'une liberté plus fondamentale, existentielle. Et tout ce qui naît de cette liberté est beau, gracieux. Vos yeux sont les mêmes, mais leur vision a changé. Votre amour est là, mais ce n'est plus de la convoitise, ce n'est plus de la possessivité. Il se transforme en compassion. Vous partagez toujours votre joie dans vos chansons, vos danses, votre poésie, votre musique - mais juste pour leur joie pure.

C'est un débat qui dure depuis des siècles : à quoi sert l'art ? Il y a eu des utilitaristes pragmatiques qui ont dit que l'art devait servir à quelque chose, sinon il est inutile. Mais ces gens ne connaissent pas l'art.

L'art ne peut être que pour lui-même. C'est la joie pure d'un coucou solitaire, des bambous qui se tiennent en silence, d'un oiseau qui s'envole dans le ciel. Le simple fait de voler, de ressentir la liberté, se suffit à lui-même. Il ne doit servir à rien d'autre.

Mais cela n'est possible que si vous avez connu votre existence fondamentale. Vous connaissez l'esprit, qui est emprunté, qui est nourri, éduqué. Vous connaissez votre corps de manière très superficielle. Vous ne savez pas comment il fonctionne, bien que ce soit votre corps. Vous ne savez pas comment il transforme la nourriture en sang, comment il distribue l'oxygène aux différentes parties du corps.

Le corps a sa propre sagesse. La nature ne vous a pas laissé le soin de vous souvenir de la respiration, car vous pouvez oublier. Vous êtes tellement endormi que la nature ne peut pas prendre le risque. Si vous deviez vous souvenir de la respiration, je ne pense pas que vous seriez ici. Vous auriez été oublié bien avant.

Mais que vous vous en souveniez ou non, que vous soyez éveillé ou endormi, la respiration se poursuit d'elle-même, le cœur continue à fonctionner de lui-même, l'estomac continue à digérer de lui-même. Il ne vous demande pas votre avis, il n'a pas besoin de formation médicale, il n'a pas besoin de conseils. Il possède simplement une sagesse intrinsèque qui lui est propre.

Mais ce n'est que votre maison - vous n'êtes pas elle. Cette maison va devenir, un jour, vieille. Un jour, ses murs commenceront à s'effondrer, ses portes à tomber. Un jour, il n'y aura même plus une trace de la maison - tout aura disparu. Mais qu'est-il arrivé à l'homme qui vivait dans la maison ?

Vous devez comprendre ce principe. Vous pouvez l'appeler conscience, illumination, conscience, bouddhéité - peu importe le nom que vous lui donnez. Mais il est de la responsabilité absolue de chaque être humain de ne pas perdre de temps dans des affaires mondaines. Chaque chose en son temps ! Et la première chose est d'être et de savoir ce qu'est cet être. Ne courez pas après les papillons. Ne continuez pas à regarder l'horizon qui semble être mais qui n'est pas.

Je me souviens... Il y a vingt-trois siècles, Alexandre le Grand est venu en Inde. Son maître était un grand philosophe, le père de la logique, Aristote. Et quand il se dirigeait vers l'Inde, Aristote lui a demandé : "Peux-tu m'apporter quelque chose en cadeau ?"

Alexander a dit : "N'importe quoi - il suffit de le dire."

Aristote a dit : " Ce n'est pas si facile, mais je vais attendre. S'il vous plaît, amenez-moi un sannyasin quand vous reviendrez, un homme qui s'est réalisé. Parce que nous ne savons pas ce que cela signifie... ce que cela signifie d'être un bouddha. Trouvez un bouddha et amenez-le avec vous."

Alexandre n'était pas conscient de ce qu'il promettait. Il a dit : "Ne vous inquiétez pas. Si Alexandre veut déplacer l'Himalaya, il faudra qu'il se déplace. Et vous ne demandez qu'à propos d'un être humain. Attendez - dans quelques mois je serai de retour."

Et il y avait tant à faire qu'il ne se souvint qu'au dernier moment qu'il avait oublié de s'emparer d'un bouddha, de celui qui connaît la réalité la plus intime. Il s'enquit des frontières de l'Inde sur le chemin du retour. Les gens ont ri à l'idée même. Ils ont dit : "En premier lieu, il est très difficile de reconnaître que quelqu'un est un bouddha. Ensuite, si par hasard vous êtes assez ouvert pour recevoir le rayonnement d'un bouddha, vous tomberez à ses pieds. Vous oublierez tout simplement de l'emmener avec vous. Nous espérons que vous ne trouverez pas de bouddha - rentrez simplement chez vous."

Alexandre ne pouvait pas comprendre .... Quel genre d'être humain est un bouddha, pour qu'on ne puisse pas l'emmener par la force ? Finalement, il dit : "Envoyez des messagers un peu partout, cherchez s'il y a quelqu'un qui proclame qu'il est arrivé chez lui".

Et les gens venaient, et ils disaient : " Oui, un sannyasin nu, debout au bord de la rivière, dit : " Où pourrais-je être ? - Je suis ici. Et qui d'autre puis-je être ? - Je suis le Bouddha."

Alexandre alla lui-même à la rencontre de cet homme. Le dialogue était formidablement beau, mais très choquant pour Alexandre le Grand. Il n'avait jamais rencontré un tel homme car avant qu'il ne dise un seul mot - il tenait une épée nue à la main - le vieil homme, nu, pauvre, lui dit : " Remets ton épée dans son fourreau, elle ne sera pas utile ici ". Un homme d'intelligence qui porte une épée ? Je vais te frapper ! Remets simplement l'épée dans son fourreau."

Alexandre a trouvé pour la première fois quelqu'un qui pouvait lui donner des ordres, et il a dû le suivre. En dépit de lui-même, il a dû suivre. Et il a dit : "Je suis venu avec une prière : Viens avec moi, sur ma terre.

Mon professeur veut voir un bouddha. En Occident, nous ne savons rien de ce que signifie ce moi intérieur."

Le vieil homme s'est mis à rire. Il dit : "C'est hilarant. Si ton professeur ne sait pas, il n'est même pas un professeur. Et s'il veut voir un bouddha, il devra venir à un bouddha ; on ne peut pas lui apporter un bouddha. Dis simplement à ton professeur : "Si tu as soif, viens au puits ; le puits ne viendra pas à toi".

"Et quant à toi, Alexandre, dit le vieil homme, apprends au moins à être humain. Tu t'es présenté comme Alexandre le Grand. C'est l'ego qui t'empêche de connaître ton bouddha. Tu le portes en toi, mais cette "grandeur", ce désir de conquérir le monde... Que ferez-vous de la conquête du monde ? Bientôt, la mort emportera tout. Vous mourrez nu, vous serez enterré dans la terre. Personne ne se souciera de ne pas vous piétiner, et vous ne pourrez même pas objecter : "Éloignez-vous. Je suis Alexandre le Grand. Laissez tomber cette idée de grandeur. Et souviens-toi aussi que le mot "Alexandre" n'est pas ton nom."

Alexandre a dit : "Mon Dieu ! C'est mon nom - comment puis-je te convaincre ?"

Il a dit : "Il n'est pas question de me convaincre. Personne ne vient au monde avec un nom. Toutes sortes de noms sont donnés - des étiquettes collées, collées - et vous devenez l'étiquette. Vous oubliez complètement que vous êtes venu sans aucun nom, sans aucune renommée. Et vous mourrez de la même façon.

"Dis à ton professeur de venir ici pour affronter le lion. S'il a la capacité de se déplacer vers l'intérieur, alors seulement il pourra savoir ce que signifie être un bouddha ; ce que signifie être illuminé. Si quelqu'un d'autre devient illuminé, tu ne peux pas le comprendre - c'est comme si quelqu'un d'autre buvait de l'eau, cela ne pourrait pas étancher ta soif."

Alexandre toucha les pieds du vieil homme et dit : "Je suis désolé de vous déranger. Peut-être ne comprenons-nous pas du tout la langue de l'autre."

Et c'est encore vrai aujourd'hui : l'esprit occidental et l'esprit occidental éduqué - il a pu naître en Orient - a oublié le langage que Dogen va utiliser. Il faut être très conscient, très vigilant, pour ne pas se tromper. C'est un monde différent, un climat différent qui existait autrefois ici, qui avait fait de ce monde un beau pèlerinage de recherche et de quête ..... Maintenant, c'est seulement un marché pour acheter des armes, et se battre, tuer et faire la guerre. Qui se soucie de la méditation

? Cela semble être un écho très lointain. Elle ne semble pas être liée à nous de quelque manière que ce soit.

Mais si vous n'êtes pas ouvert à cet écho lointain, vous ne comprendrez pas ce que Dogen dit.

Dogen dit :

LORSQUE NOUS REGARDONS AUTOUR DE NOTRE BATEAU SUR L'OCÉAN SANS MONTAGNES, NOUS NE VOYONS QUE LA FORME CIRCULAIRE DE L'OCÉAN. MAIS CE GRAND OCÉAN N'EST NI CIRCULAIRE NI CARRÉ ; SES AUTRES FORMES ET MOUVEMENTS SONT INNOMBRABLES. POUR LES POISSONS, IL EST COMME UN PALAIS. POUR LES ÊTRES CÉLESTES, C'EST COMME UN COLLIER. CE N'EST QU'AUSSI LOIN QUE L'ŒIL PEUT ATTEINDRE, QU'IL APPARAÎT TEMPORAIREMENT CIRCULAIRE.

Sa circularité n'est qu'une apparence. Bien que lorsque vous la voyez, elle est là, vous savez qu'elle n'est pas une réalité. Si vous allez vers elle, vous ne l'atteindrez jamais ; elle continuera à s'éloigner... c'est l'horizon. Mais il a une certaine réalité propre, bien qu'il ne soit pas la réalité ultime. Notre corps est notre circonférence, notre horizon. Il apparaît, il vit, il respire, mais il n'est pas notre moi.

IL EN VA DE MÊME POUR TOUTES LES CHOSES. TOUTES LES CHOSES MONDAINES ET NON MONDAINES ONT DIVERS ASPECTS, MAIS NOUS NE POUVONS LES VOIR ET LES RÉALISER QUE PAR UNE COMPRÉHENSION PRATIQUE.

Pour un aveugle, il n'y a pas de lumière.

C'est arrivé... Un savant très érudit était aveugle, à l'époque de Gautam Bouddha. Et il était si éloquent dans son argumentation que tout le village était torturé par lui, car tout le monde essayait : "Tu es aveugle, c'est pourquoi la lumière n'est pas à ta portée."

Mais il a dit : "Alors, rendez-le disponible par d'autres sources. Je peux entendre - le battre comme un tambour. " Vous ne pouvez pas battre la lumière comme un tambour.

Et l'aveugle dit : "Je peux toucher, laissez-moi au moins toucher la lumière. Ma main est ouverte - où est ta lumière ? Je peux sentir..." Mais tous ces sens ne sont pas capables de percevoir la réalité de la lumière.

Tout le village a été torturé : "Que faire de cet homme ? Il est si argumenté... nous savons tous ce qu'est la lumière, mais il le nie. Et il a des raisons valables - nous ne pouvons offrir aucune preuve."

Ils entendirent que Gautam Buddha venait dans leur village. Ils pensèrent : " C'est une bonne occasion d'amener cet aveugle à Gautam Buddha. Si Gautam Bouddha ne peut pas le convaincre, alors peut-être que ce n'est pas possible. Et de toute façon, ce sera très crucial ; nous verrons jusqu'où Gautam Bouddha peut argumenter avec cet homme."

Mais ils avaient tort. Gautam Bouddha n'a pas discuté avec l'homme. Il dit simplement : " Ne le harcelez pas, c'est laid de votre part de lui dire qu'il y a de la lumière. Si vous étiez assez compatissant, vous auriez dû essayer de trouver un médecin pour soigner ses yeux. La lumière n'est pas un argument, il faut des yeux pour la voir et alors il n'y a plus de doute possible."

Gautam Bouddha avait son médecin personnel. Il dit à son médecin : "Tu restes dans ce village jusqu'à ce que les yeux de cet homme soient guéris. Je vais partir avec ma caravane."

Au bout de six mois, le médecin et l'aveugle sont venus, mais il n'était plus aveugle. Il était venu en dansant ! Il tomba aux pieds de Gautam Bouddha et dit : " Je vous suis tellement reconnaissant de ne pas avoir été philosophe avec moi, de ne pas m'avoir humilié. Qu'au lieu de faire une grande argumentation, vous ayez simplement exposé un point simple : que ce n'est pas une question de lumière, c'est une question d'yeux."

Il en va de même pour le moi intérieur - ce n'est pas une question d'intelligence, de rationalité, de logique, de connaissances scientifiques ou d'écritures. C'est une question de pénétration directe, les yeux fermés, dans votre propre être, caché derrière vos os.

Une fois que cela est connu, une formidable détente s'ensuit. Pour la première fois, la vie devient une danse. Même la mort n'est plus une perturbation.

AUSSI LOIN QUE LES POISSONS NAVIGUENT DANS L'EAU, IL N'Y A PAS DE FIN À L'EAU. AUSSI LOIN QUE LES OISEAUX VOLENT DANS LE CIEL, IL N'Y A PAS DE FIN AU CIEL. MAIS AUCUN D'EUX N'A JAMAIS QUITTÉ L'EAU OU LE CIEL.

C'est une histoire ancienne... celle d'un jeune poisson très curieux qui demandait : "J'ai tellement entendu parler de l'océan, mais je ne vois pas où il se trouve."

Un vieux poisson dit au jeune philosophe : "Ne sois pas idiot - nous sommes dans l'océan, et nous sommes l'océan. Nous en sortons et nous y disparaissons. Nous ne sommes que des vagues dans l'océan."

Il en va de même pour les oiseaux. Pensez-vous qu'ils puissent trouver le ciel ? Bien qu'ils volent toute la journée - dans des endroits très éloignés - ils ne peuvent pas trouver le ciel. Parce qu'ils sont nés du ciel et qu'un jour ils disparaîtront dans le ciel.

Ce sont des déclarations symboliques. Elles disent en fait que vous faites partie de l'univers. Vous surgissez comme une vague dans l'univers et vous disparaissez un jour dans l'univers. Cet univers n'est pas quelque chose d'objectif, c'est quelque chose de subjectif. C'est quelque chose qui est connecté à votre noyau le plus profond. Si vous vous êtes trouvé, vous avez trouvé l'océan entier, le ciel entier, avec toutes ses étoiles, toutes ses fleurs, tous ses oiseaux. Se trouver soi-même, c'est tout trouver. Et se manquer soi-même ... vous pouvez avoir des palais, des empires et de grandes richesses - tout est futile.

QUAND LEUR BESOIN EST GRAND, IL Y A UNE GRANDE ACTIVITÉ ; QUAND LEUR BESOIN EST PETIT, IL Y A PEU D'ACTIVITÉ.

Les poissons et les oiseaux sont des êtres spontanés. À part l'homme, dans tout l'univers, personne n'est devenu fou. Vous continuez à travailler même s'il n'y a pas besoin de travailler - vous vous occupez, sans rien faire, sinon quelqu'un vous fera remarquer : "Que faites-vous ?". Et vous n'avez pas le courage de dire : "Je ne fais qu'être."

Les gens riront et suggéreront : "Fais quelque chose, être ne sert à rien. Trouvez un travail ! Gagne de l'argent." Mais un poisson ne travaillera pas plus que ce qui est absolument nécessaire.

Avant sa mort, on demandait à Henry Ford : "Vous avez depuis longtemps franchi la ligne, battu tous les records de richesse. Maintenant, il n'y a plus de concurrent contre vous. Pourquoi continuez-vous à travailler sans relâche ?"

Et vous serez surpris de savoir qu'il avait l'habitude de venir à son bureau à sept heures tous les matins.

Les ouvriers venaient à 10 heures, les employés à 11 heures, le directeur à 12 heures. Le directeur était parti à quatre heures, les employés à cinq heures, les ouvriers à six heures, mais Henry Ford travaillait toujours. Et il était l'homme le plus riche de son époque.

L'auteur de la question a eu raison de lui demander : "Pourquoi continuez-vous à parler sans cesse ? C'est une activité inutile.

Tu as tellement gagné, tu peux faire tout ce que tu veux."

Et sa réponse est celle d'un homme sage ; non éclairé, mais la vie l'a certainement rendu sage. Il dit : "C'est devenu une habitude. Je ne pouvais pas m'empêcher de devenir de plus en plus riche. Je savais que ce n'était plus nécessaire, mais il est très difficile de laisser tomber une vieille habitude, une habitude de toute une vie."

À part l'homme... aucun arbre n'a d'habitudes, ni les oiseaux, ni les poissons. La nature entière est spontanée.

Il fonctionne simplement quand on a besoin de lui, il cesse de fonctionner et reste simplement silencieux quand on n'a pas besoin de lui. En fait, selon moi, c'est cela la raison : ne faire que ce qui est nécessaire. Si vous allez un seul centimètre plus loin, vous avez dépassé le stade de la raison, vous êtes devenu fou. Et la folie n'a pas de fin.

QUAND LEUR BESOIN EST GRAND, IL Y A UNE GRANDE ACTIVITÉ. Cela peut être compris sous de nombreux aspects. À l'exception de l'homme, aucun animal ne s'intéresse au sexe toute l'année. Il y a une saison, la saison des amours ; une fois cette saison passée... le reste de l'année, personne ne s'occupe de sexe. Vous ne trouverez pas de maniaques du sexe parmi les oiseaux, pas plus que vous ne trouverez de célibataires. Vous ne trouverez pas, même pendant la saison des amours, qu'ils sont très heureux.

J'ai observé des oiseaux, des animaux, et je suis étonné que leur activité sexuelle semble leur être imposée. Ils n'ont pas l'air heureux. Il suffit de regarder un chien faire l'amour. Il le fait sous une certaine contrainte, une contrainte biologique, sinon il n'est pas intéressé. Et une fois que la saison est passée, il n'y a plus d'intérêt du tout. C'est pourquoi le mariage n'est pas apparu dans le monde animal. Que feriez-vous d'un mariage ? Une fois la saison des amours terminée - au revoir l'un à l'autre !

Mais avec l'homme, c'est une habitude. Il a transformé même une nécessité biologique en habitude. Vous serez surpris d'apprendre que, selon les psychologues et leurs enquêtes, chaque homme pense aux femmes au moins une fois toutes les quatre minutes, et chaque femme pense aux hommes au moins une fois toutes les sept minutes. Cette disparité est la cause d'une immense misère.

C'est pourquoi chaque soir, lorsque le mari rentre à la maison ... la femme allait parfaitement bien, et soudain elle commence à avoir un visage britannique, elle souffre d'un mal de tête. Les maris brillants apportent des aspirines grecques super fortes à la maison. Mais il y a très rarement des maris brillants, car si vous êtes brillant, vous ne serez jamais un mari. Ce genre de chose est pour les attardés, les brillants restent absolument libres.

Si vous regardez l'humanité, vous ne croirez pas que ce n'est pas une maison de fous. Quelqu'un fume une cigarette... même si sur le paquet il est écrit que c'est dangereux pour votre vie.

Et l'autre jour, j'avais une petite douleur à l'oreille. Anando était là. Je lui ai demandé : "Peux-tu apporter un coton-tige ?"

Elle a dit : "Non."

Aujourd'hui, même sur les cotons-tiges, on peut lire la même phrase : "C'est dangereux pour la santé, ne les utilisez pas".

Et Anando m'a dit : "La pauvre Hasya disait que c'était son seul plaisir, et maintenant, même ça, c'est fini." S'asseoir en silence et profiter... Cela n'a fait de mal à personne.

Il y a des gens qui mâchent du chewing-gum. On ne peut pas imaginer une chose plus idiote. Mâcher du chewing-gum ?

Le chewing-gum est fait pour être mâché ?

Les gens font toutes sortes de choses que, s'ils les observent et les notent, ils trouveront ..... "Mon Dieu, ces choses que je fais, et les gens me croient encore sain d'esprit." Mais tout le monde garde un masque et essaie de cacher toute folie derrière lui. Vous verrez bientôt, lorsque nous méditerons... parce que dans la méditation, vous devez enlever votre masque et laisser sortir toute la folie des siècles. ne la retenez pas, parce que c'est un énorme nettoyage. Et une fois que vous êtes une conscience propre et claire, votre réalisation de la bouddhéité n'est pas loin - peut-être juste un pas de plus.

Dogen poursuit :

AINSI, ILS NE MANQUENT JAMAIS D'EXPRIMER LEUR PLEINE CAPACITÉ EN CHAQUE CHOSE, ET D'EXERCER LEUR LIBRE ACTIVITÉ EN CHAQUE LIEU.

MAIS DÈS QU'UN OISEAU QUITTE LE CIEL, IL MEURT. C'EST AUSSI LE CAS LORSQU'UN POISSON QUITTE L'EAU.

Et l'homme ? Il a quitté son océan depuis longtemps. Sa relation océanique avec l'existence est complètement brisée, il n'y a plus de pont. Et c'est ce qui lui fait faire toutes sortes de choses stupides. En trois mille ans, cinq mille guerres. On ne peut pas croire que nous sommes ici juste pour nous entretuer. N'y a-t-il rien de plus important que les armes nucléaires ?

Soixante-dix pour cent des revenus de l'humanité entière sont consacrés aux efforts de guerre. Même les pays pauvres, qui n'ont pas les moyens de nourrir leur population deux fois par jour, qui vivent sous le seuil de pauvreté, gaspillent 70 % de leurs revenus pour créer des bombes et acheter des armes.

Pensez-vous que quelque chose puisse être plus fou que la guerre ?

Un pays comme l'Allemagne, l'un des plus cultivés, est tombé entre les mains d'un fou, Adolf Hitler.

Personne ne se demande pourquoi cela s'est produit. Même un homme comme Martin Heidegger, peut-être le plus grand philosophe d'Allemagne, était un disciple d'Adolf Hitler. Et Adolf Hitler était absolument fou. Il avait besoin d'être hospitalisé.

Mais il doit y avoir quelque chose en chaque homme auquel il fait appel. L'Allemagne entière - avec toute son intelligence - est devenue une victime. Et vous pouvez voir la stupidité. Il a dit : "C'est à cause des Juifs que l'Allemagne ne s'élève pas au rang de puissance mondiale, sinon c'est notre droit de naissance de dominer le monde. C'est à cause des Juifs."

J'ai entendu une petite anecdote. Le grand rabbin de Berlin, lors d'une promenade matinale, a croisé Adolf Hitler. C'était une rencontre étrange, accidentelle ; tous deux étaient partis faire une promenade matinale. Adolf Hitler a reconnu le grand rabbin et lui a dit : "Êtes-vous d'accord avec moi ou non ? Quelle est, selon vous, la raison pour laquelle les Aryens nordiques allemands ne règnent pas sur le monde entier ?"

Le rabbin a dit : "Ce sont les bicyclettes. Détruisez toutes les bicyclettes et vous régnerez sur le monde entier."

Adolf Hitler a dit : "Êtes-vous sain d'esprit ?"

Il a dit : "Aussi sain d'esprit que vous. Vous avez tué six millions de Juifs sous un prétexte, sans aucune raison."

Pourquoi les gens ont-ils été convaincus qu'il avait raison sur une chose aussi stupide, que les Juifs empêchaient l'Allemagne de devenir une grande puissance ? Les Juifs ont apporté la richesse, l'intelligence, tout à l'Allemagne. Vous serez surpris d'apprendre que quarante pour cent des prix Nobel sont attribués aux Juifs.

Mais pourquoi tous les Allemands restants sont-ils devenus convaincus ? C'était par jalousie. Les Juifs étaient riches, intelligents, toujours au top en tout.

Il est très dangereux de réussir dans un monde de fous, car tout le monde veut vous tuer - pour n'importe quel motif ; que ce soit vrai ou faux, cela n'a pas d'importance. Toute l'Allemagne a été convaincue, non pas parce qu'il y avait un argument ou une raison dans les déclarations d'Adolf Hitler, mais parce que chaque Allemand était jaloux de l'intelligence des Juifs, de leur succès, de leur richesse, de leur style de vie. À cause de cette jalousie, Adolf Hitler a réussi à ce que même les Allemands les plus intelligents se comportent comme des animaux.

Adolf Hitler a tué à lui seul trente millions de personnes. Et maintenant, les armes qu'Adolf Hitler a utilisées ne sont plus que des jouets pour enfants. Au cours de ces quarante dernières années, la technologie de guerre s'est tellement développée... et elle est toujours entre les mains de gens comme Ronald Reagan. Elle est entre les mains de toutes sortes de politiciens, et les politiciens sont des gens psychologiquement malades. Le simple désir de pouvoir est une maladie.

Un homme sain veut aimer - pas posséder, pas dominer. Un homme sain se réjouit de la vie - il ne va pas mendier des voix. Ce sont les personnes qui souffrent d'une profonde infériorité qui veulent avoir du pouvoir, pour se prouver à elles-mêmes et aux autres qu'elles sont supérieures. La personne vraiment supérieure ne se soucie pas du tout du pouvoir. Il connaît sa supériorité, il vit sa supériorité. Dans ses chansons, dans ses danses, dans sa poésie, dans ses peintures, dans sa musique, il vit sa supériorité. Il ne reste que les inférieurs pour faire de la politique.

Ce que Dogen dit, c'est "ne quittez pas votre ciel, ne quittez pas votre eau, ne quittez pas votre nature, ne quittez pas l'existentiel. Parce qu'une fois que vous l'avez quitté, vous n'êtes que des cadavres qui se déplacent."

DANS LE MONDE HUMAIN, IL Y A LA PRATIQUE ET L'ILLUMINATION, OU LA LONGUE VIE ET LA COURTE VIE. C'EST AUSSI L'ÉTAT RÉEL DES CHOSES.

ne vous inquiétez pas de ne pas être éclairé.

Dogen est un génie unique. Il dit : "Vous pouvez être conscient de votre bouddhéité ou ne pas en être conscient - ne vous inquiétez pas. Lorsque le bon moment et la bonne saison arriveront, vous vous épanouirez en bouddha." Attendez simplement... attendez intelligemment, attendez sans désir ; appréciez l'attente, faites de l'attente elle-même un silence bienheureux, et tout ce qui est votre droit de naissance est voué à fleurir. Personne ne peut empêcher un oiseau de voler, personne ne peut empêcher un coucou de chanter, personne ne peut empêcher une rose de s'épanouir.

Qui vous empêche de devenir des bouddhas ? À part vous, personne n'en est responsable.

NÉANMOINS, SI UN OISEAU OU UN POISSON ESSAIE DE TRAVERSER LE CIEL OU L'EAU APRÈS L'AVOIR COMPLÈTEMENT CONNU, IL NE TROUVERA AUCUN CHEMIN À PARCOURIR NI AUCUN ENDROIT À ATTEINDRE.

Si vous allez dans votre monde intérieur et dans votre ciel intérieur, vous ne trouverez aucun chemin ni aucune fin. Tu trouveras une éternelle éternité, un pèlerinage sans début ni fin... une immortalité, une absence de mort qui te transforme soudainement et totalement sans effort, sans austérité, sans torture. Vous êtes déjà ce que vous voulez être, il ne manque qu'une petite chose - une toute petite chose. Réveillez-vous ! A l'état de veille, vous êtes un bouddha. Dans votre sommeil, vous restez un bouddha, mais vous n'en êtes pas conscient.

Quand une personne devient un bouddha, elle sait que tous les autres sont des bouddhas. Quelqu'un dort, quelqu'un ronfle, quelqu'un court après une femme, quelqu'un fait une autre sorte de stupidité - mais les bouddhas sont des bouddhas. Même si vous fumez une cigarette, cela ne signifie pas que vous avez perdu votre essentialité ; cela montre seulement votre sommeil et rien d'autre.

Un poète a écrit :
QUI S'INSTALLE, ON S'ÉGARE DANS
RIEN ;
EN LÂCHANT PRISE, ON RETROUVE L'ORIGINE.
En lâchant prise, en se détendant, en s'installant en soi, on retrouve l'origine.

DEPUIS QUE LA MUSIQUE S'EST ARRÊTÉE, AUCUN
L'OMBRE EST TOUCHÉE
MA PORTE : ENCORE LA LUNE DU VILLAGE
EST AU-DESSUS DE LA RIVIÈRE.
Même si vous devenez éclairé, seule votre vision change, sinon tout reste identique.

Bien sûr, la rose est plus belle qu'avant. Ce n'est pas parce que la poussière de votre miroir a disparu que le monde devient un paradis.
... MA PORTE : DE NOUVEAU LA LUNE DU VILLAGE EST AU-DESSUS DE LA RIVIÈRE ... se reflétant dans la rivière.

Plus vous vous débarrassez de vos pensées qui ne sont que de la poussière, plus vous devenez réfléchi.

Et le jour où vous pourrez refléter l'existence entière dans sa pureté, vous serez arrivé chez vous.

Un autre poème :
ÉCOPE DE L'EAU, ET LE

LA LUNE EST ENTRE VOS MAINS ;
TENEZ LES FLEURS, ET VOTRE
LES VÊTEMENTS EN SONT PARFUMÉS.

C'est quelque chose d'extrêmement beau. Le zen parle le langage de la poésie. Ce que le poète essaie de dire, c'est que si vous rencontrez un bouddha - que vous le sachiez ou non - un certain parfum du bouddha et de sa présence sera capté par votre être.

C'était une pratique habituelle dans le Zen que les chercheurs continuent de passer d'un maître à l'autre jusqu'au moment où ils trouvent un homme dont la présence même les comble ; en présence duquel tous leurs masques et toutes leurs défenses tombent ; en présence duquel ils deviennent soudainement nus, justes nés, innocents. C'était alors le signe que vous aviez trouvé votre maître.

Basho a écrit :
SKYLARK
CHANTEZ TOUTE LA JOURNÉE,
ET LE JOUR PAS ASSEZ LONG.

Il dit que vous travaillez toute la journée, toute la vie, sans jamais connaître la splendeur de votre être parce que votre travail - vos activités dites banales - prend tout votre temps. La vie est si courte, soixante-dix ans passent si vite... Vous ne savez même pas quand votre enfance devient votre jeunesse, vous ne savez pas quand votre jeunesse disparaît et que vous devenez vieux, vous ne savez pas que vous vous dirigez continuellement vers la tombe. Quoi que vous fassiez, la tombe se rapproche.

Rappelez-vous, la vie est courte, mais elle est devenue trop courte à cause de votre activité inutile. Je suis surpris par les gens qui jouent aux cartes ou aux échecs, ou qui vont au cinéma. Et si vous leur demandez : "Que faites-vous ?", ils répondent qu'ils tuent le temps. Comme si trop de temps, superflu, leur avait été donné et qu'ils le tuaient en jouant aux cartes. Il suffit de regarder les gens qui s'appuient sur un échiquier comme si c'était leur vie, qui font la queue devant un cinéma...

Je connaissais un homme... C'était le père d'un de mes amis. Dans mon village, il n'y avait qu'une seule salle de cinéma. Je voyais ce vieil homme aller tous les jours, à la même heure, à la salle de cinéma. Et un film était projeté au moins pendant cinq ou sept jours, ou plus. Ce n'était pas un grand endroit. Mais il le voyait tous les jours pendant sept jours.

Finalement, j'ai dû l'interrompre. J'ai dit, "C'est trop. Tu es fou ? Tu continues à voir le même film tous les jours."

Il a dit : "Comment tuer le temps ? Je suis à la retraite, j'attends juste la mort. Je pense que cela n'a pas d'importance, un jour de plus ... juste aller voir le film. Qu'est-ce qu'on est censé faire d'autre quand on est à la retraite ?"

"Et de toute façon", a-t-il dit, "tout le monde fait la même chose, encore et encore, alors ne pensez pas que je suis fou".

J'ai dit : "Non, vous n'êtes pas fou, vous êtes juste un spécimen de toute cette humanité."

J'ai entendu parler d'un homme en Californie - Avirbhava, prenez note - qui s'est marié dix fois. Parce qu'en Californie, la folie humaine est arrivée à son apogée. Toutes les enquêtes montrent que tout en Californie dure, au maximum, trois ans. Tout est à la mode : mariage, travail, ville, maison, voiture - tout.

En trois ans, on s'ennuie, on veut passer à autre chose.

Et cet homme s'est marié dix fois. La dixième fois, après deux jours, il s'est rendu compte : "Cette femme semble être une de celles que j'ai déjà épousées."

En fait, toutes les femmes ne sont que des marques de voitures différentes - seul le capot diffère. Certaines ont un nez plus long, d'autres un nez plus court... Mais ce qui est étrange, c'est que les gens continuent à explorer le même territoire encore et encore et encore. Et les gens continuent à penser qu'ils sont sains d'esprit.

Un autre poème zen :

LE VENT SE CALME,

LES FLEURS TOMBENT ENCORE ;
LES OISEAUX QUI PLEURENT, LA MONTAGNE
SILENCE
DEEPENS.

Il s'agit d'expériences réelles de méditations, qui ont été condensées en haïkus.

LE VENT SE CALME,
LES FLEURS TOMBENT ENCORE ;
LES OISEAUX QUI PLEURENT, LA MONTAGNE
SILENCE
DEEPENS.

Ce doit être un homme de méditation... assis en silence sur le flanc de la montagne, observant ce qui se passe. La méditation consiste, par essence, à devenir un observateur sur les collines.

Question 1 :

Maneesha a demandé :

NOTRE MAÎTRE BIEN-AIMÉ,

IL EST ASSEZ FACILE DE SE SENTIR TOTALEMENT SATISFAIT EN VOTRE PRÉSENCE ET DE PROFITER DE VOTRE ILLUMINATION ; IL EST ÉGALEMENT ASSEZ FACILE DE SE METTRE DANS UN ÉTAT DE PANIQUE À PROPOS DE CE QUE NOUS DEVONS FAIRE POUR RÉALISER NOTRE PROPRE ILLUMINATION.

L'ART D'ÊTRE AVEC UN MAÎTRE N'EST-IL PAS D'AVOIR LE CONTENTEMENT ET LA SOIF QUI COULENT COMME UN COURANT SOUS-JACENT TOUT AU LONG D'UNE MÊME PERSONNE ?

Maneesha, une seule expérience suffit, elle dure pour l'éternité. Je ne fais pas référence aux expériences intellectuelles. Vous pouvez intellectuellement sentir que vous vous êtes détendu. Quand je vous emmène à l'intérieur, vous fermez certainement les yeux. Mais quand je vous dis : " Soyez silencieux ", votre esprit continue à tourner en rond, à tisser mille et une choses. Vous ressentez un certain silence... mais il sera perdu. Et quand je te dis : "Laisse-toi aller", tu essaies, mais tu essaies très prudemment. Vous regardez des deux côtés, sur qui vous tombez, si cela vaut la peine de tomber. Tu fais tout pour qu'il n'y ait pas de fracture. Mais dans cette attention même, vous manquez le but du lâcher-prise.

L'illumination vaut de multiples fractures. Quand tu te laisses aller, laisse-toi aller. Quand tu ris, deviens le rire. Quand tu es silencieux, sois silencieux. Quand je dis "entrez", cherchez à l'intérieur. Oubliez le corps et oubliez le monde.

Je te dis même de mourir. Tu fais tous les efforts possibles, mais pour mourir, aucun effort n'est nécessaire. Vous restez allongés, attendant le battement de Nivedano pour vous réveiller. Pas un seul ne reste mort juste un peu plus longtemps, tout le monde est immédiatement ... tout cela est intellectuel. Si ce n'était pas intellectuel, chaque jour nous devrions appeler une ambulance parce que cet endroit deviendrait un cimetière. Mais personne ne meurt.

Dans le monde entier, les gens meurent, sauf dans cette salle de Bouddha où nous essayons de mourir chaque jour.

Au contraire, vous revenez en meilleure santé, plus robuste.

Maneesha, ce que vous ressentez est encore intellectuel. Vous êtes assez intelligent pour le ressentir, mais l'intellect ne va pas vous donner l'expérience juste, il bloque. Vous n'avez pas besoin d'essayer d'utiliser l'esprit, de quelque manière que ce soit. Laissez les choses se produire spontanément. Il vous suffit de vous risquer totalement. Et même si vous mourez, quelle importance ?

Un jour, vous allez mourir, et ce jour est parfaitement bien. Il n'y a que sept jours. Tu devras mourir le lundi, le mardi, le samedi, le dimanche... Qu'est-ce que ça peut faire ?

Mais si vous mourez réellement, en laissant de côté le corps et l'esprit, vous connaîtrez votre immortalité ; vous verrez la fiction de la mort. La mort n'a jamais eu lieu, vous avez seulement changé de forme. Et les rares personnes qui l'ont réalisé ne sont même pas passées à une autre forme, elles sont passées dans l'océan éternel, dans l'existence même, se perdant complètement. C'est l'extase ultime.

Avant que quelqu'un meure ... en particulier Sardar Gurudayal Singh se prépare. Il a disparu chaque jour, peut-être aujourd'hui il va mourir. Nous lui promettons que nous allons célébrer... Ne vous inquiétez pas.

La belle Gloria est très excitée alors qu'elle prépare son prochain mariage avec son amie Sherry Cherry.

"Avez-vous entendu parler de l'aphrodisiaque secret de l'Inde ?" demande Sherry.

"Pourquoi, non", dit Gloria. "Qu'est-ce que c'est ?"

"On l'appelle 'Burnt bindhi'", dit Sherry. "Et si vous voulez une nuit de noces inoubliable, faites-lui manger une douzaine de bindhis brûlés après la cérémonie".

Une semaine plus tard, Gloria rencontre Sherry au supermarché.

"Comment s'est passée la nuit de noces ?" demande Sherry.

"Oh, ok je suppose", dit Gloria. "Mais seulement huit des bindhis ont fonctionné !"

Dans une petite ville de l'Ouest sauvage américain, Polly Peekin, la jolie jeune touriste, est intriguée par un grand Indien à l'allure macho. Elle l'observe et a remarqué qu'il dit "Chance !" à chaque femme qui passe.

Finalement, la curiosité de Polly prend le dessus et elle s'approche de lui et lui dit "Bonjour".

Ce à quoi il répond : "Le hasard !"

"C'est intéressant", dit Polly. "Je croyais que tous les Indiens disaient : 'Comment !'"

"Je sais comment", répond-il. "Je veux juste une chance !"

Swami Deva Coconut arrive à l'aéroport de Bombay avec son perroquet de compagnie sur l'épaule. Il est intercepté par un douanier indien qui lui dit : "Hé, arrêtez ! Vous devez payer des droits d'importation sur ce perroquet !"

"Combien ?" demande Coconut.

"Voyons voir", dit le fonctionnaire en feuilletant son livre d'importation. "Voilà", poursuit-il. "Cinq cents roupies pour un perroquet vivant, cent roupies pour un perroquet empaillé".

"Hé, noix de coco", crie le perroquet. "N'aie pas d'idées folles !"

Swami Bharti Barfi, l'un des disciples indiens de Shree Rajneesh, est assis dans un avion d'Air India avec le shankaracharya de Puri et certains de ses assistants. Ils volent à trente-cinq mille pieds au-dessus du sous-continent indien, lorsque le shankaracharya se sent soudain très généreux.

"Si je jette ce billet de cent roupies par la fenêtre," dit-il, "je rendrai un harijan très heureux."

Un de ses assistants ajoute : "Mais si vous jetez deux billets de cinquante roupies, vous ferez le bonheur de deux personnes."

Et l'autre assistant dit : "Pourquoi ne pas jeter cent billets d'un roupie, et rendre cent personnes heureuses ?"

À ce moment-là, Swami Bharti Barfi se lève et dit : "Pourquoi ne pas rendre heureux neuf cent millions de personnes et vous jeter par la fenêtre ?".

Ok Nivedano... donne le premier rythme, et tout le monde devient fou.

(Battement de tambour)

(Gibberish)

Nivedano ...

(Battement de tambour)

Soyez silencieux...

Fermez les yeux...

aucun mouvement du corps - sensation de gel.

Allez vers l'intérieur, plus profondément ... et plus profondément, comme une flèche.

Pénétrer toutes les couches

et toucher le centre de votre existence.

Ce silence ...
cette paix ...
Commencez à découvrir le bouddha qui est en vous.
Tu es juste un rocher...
les parties non essentielles doivent être enlevées,
et la statue de Bouddha se révélera.
Nivedano ...
(Battement de tambour)
Détendez-vous... laissez vous aller... mourez !
En ce moment,
au centre même de votre être,
tu es le bouddha immortel.
Vous n'avez pas besoin de prier.
Vous n'avez pas besoin d'adorer.
Vous n'avez pas besoin d'aller dans un temple.
Parce que vous êtes le temple du Bouddha.
Réalisez-le
et l'exprimer dans chaque action -
sa grâce, sa beauté,
la béatitude de la chose,
l'extase de la chose.
Et toute ta vie devient une flamme dansante
de joie immortelle.
C'est la dimension
l'Orient tout entier s'est consacré à
pendant des millions d'années :
pour découvrir le point qui est inamovible,
qui est le centre même du cyclone.
Réjouissez-vous en,
et se souvenir du chemin,
comment vous y êtes parvenu,
de sorte que, quand vous le voulez,

vous fermez les yeux
et immédiatement le Bouddha est là.
Nivedano ...
(Battement de tambour)
Reviens de ta mort...
à la vie éternelle.
Asseyez-vous quelques instants
comme un bouddha,
dans toute sa gloire et sa splendeur.
Ces quelques moments font de cet endroit le plus
précieux dans le monde entier.
Dix mille bouddhas
se fondant et se confondant l'un dans l'autre,
comme les vagues de l'océan.
Le monde a oublié cette langue...
il faut le rappeler.
Tout le monde doit devenir un message,
pas un missionnaire.
Révéler votre propre bouddhisme
est suffisant pour réveiller les gens autour de vous.
Votre joie,
votre félicité,
votre bénédiction doit être partagée.
Plus vous le partagez,
plus vous en avez.
Ok, Maneesha ?
Oui, Maître bien-aimé.
Pouvons-nous célébrer le rassemblement
de dix mille bouddhas ?
Oui, Maître bien-aimé.

Plongez un peu en profondeur

NOTRE MAÎTRE BIEN-AIMÉ, DOGEN SAID :

DANS LA PRATIQUE DE LA PLUS HAUTE SAGESSE SUPRÊME, IL EST TRÈS DIFFICILE DE RENCONTRER DES MAÎTRES ÉMINENTS. QU'IL S'AGISSE D'HOMMES OU DE FEMMES, ILS DOIVENT ÊTRE CEUX QUI ONT RÉALISÉ QUELQUE CHOSE D'INDESCRIPTIBLE. .... C'EST LA RÉALISATION DE L'ESSENCE DE LA VOIE. PAR CONSÉQUENT, ILS DIRIGENT LES AUTRES ET LEUR PROFITENT, SANS METTRE DE CÔTÉ LA CAUSALITÉ ET SANS FAIRE DE DIFFÉRENCE ENTRE EUX ET LES AUTRES.

UNE FOIS QUE L'ON A RENCONTRÉ UN MAÎTRE, IL FAUT PRATIQUER LA VOIE, À L'ÉCART DES RELATIONS MONDAINES ET EN SE MÉNAGEANT UN TEMPS LIBRE, MÊME DANS LA PENSÉE, LA NON-PENSÉE ET LA PENSÉE NEUTRE. NOUS DEVONS DONC NOUS ENTRAÎNER AVEC AUTANT DE CŒUR QUE SI NOUS DEVIONS SAUVER NOTRE TÊTE D'UN FEU BRÛLANT. UN MAÎTRE ZEN QUI A ABANDONNÉ SON CORPS ET SON ESPRIT N'EST AUTRE QUE NOUS-MÊMES.

C'EST INÉVITABLEMENT PAR LA SINCÉRITÉ ET LA PIÉTÉ QUE NOUS RÉALISONS ET RECEVONS L'ESSENCE DE LA LOI DE NOTRE MAÎTRE. CES QUALITÉS NE VIENNENT NI DE L'EXTÉRIEUR NI DE L'INTÉRIEUR, MAIS DU FAIT D'ATTACHER PLUS D'IMPORTANCE À LA LOI

QU'À NOTRE CORPS, OU DU FAIT DE RENONCER AU MONDE ET D'ENTRER DANS LA VOIE. SI NOUS ATTACHONS UN PEU PLUS D'IMPORTANCE À NOTRE CORPS QU'À LA LOI, NOUS SERONS INCAPABLES DE RÉALISER ET DE RECEVOIR LE CHEMIN. .... LORSQUE QUELQU'UN A RÉALISÉ LA GRANDE LOI ET L'ESSENCE DES BOUDDHAS ET DES PATRIARCHES, NOUS LE SERVONS, EN NOUS PROSTERNANT AVEC RÉVÉRENCE .....

SAKYAMUNI-BOUDDHA A DIT : " LORSQUE VOUS RENCONTREZ UN MAÎTRE QUI EXPOSE LA SAGESSE SUPRÊME, NE CONSIDÉREZ PAS SA NAISSANCE, NE REGARDEZ PAS SON APPARENCE, NE DÉTESTEZ PAS SES DÉFAUTS ET NE VOUS INQUIÉTEZ PAS DE SON COMPORTEMENT. AU CONTRAIRE, PAR RESPECT POUR SA GRANDE SAGESSE, TRAITEZ-LE AVEC UNE GRANDE SOMME D'ARGENT OU DES REPAS CÉLESTES ET DES FLEURS, OU PROSTERNEZ-VOUS AVEC RÉVÉRENCE DEVANT LUI TROIS FOIS PAR JOUR, EN NE LUI DONNANT AUCUNE RAISON DE S'INQUIÉTER ; ET VOUS TROUVEREZ SÛREMENT LA SUPRÊME SAGESSE BODHI-."

DOGEN A CONTINUÉ, ... LES HOMMES ET LES FEMMES PEUVENT TOUS DEUX RÉALISER LA VOIE. EN TOUT CAS, LA RÉALISATION DE LA VOIE DOIT ÊTRE RESPECTÉE, QUEL QUE SOIT LE SEXE. C'EST UNE RÈGLE EXTRÊMEMENT EXCELLENTE DE LA VOIE .... MÊME UNE PETITE FILLE DE SEPT ANS PEUT DEVENIR L'ENSEIGNANTE DES QUATRE CLASSES DE BOUDDHISTES ... SI ELLE PRATIQUE ET RÉALISE LA LOI ... NOUS DEVRIONS LUI FAIRE UNE OFFRANDE VÉNÉRABLE COMME AUX BOUDDHAS.

C'EST UNE MANIÈRE TRADITIONNELLE DANS LE BOUDDHISME. JE SUIS DÉSOLÉ POUR CEUX QUI NE L'ONT JAMAIS CONNUE OU REÇUE PERSONNELLEMENT.

Maneesha, c'est l'un des problèmes les plus anciens - comment reconnaître le maître ? Parce que sans le maître, il n'y a presque aucun moyen. Je dis presque, car peut-être qu'une personne sur un million peut atteindre la vérité sans le maître. Mais c'est juste un accident, on ne peut pas en faire une règle, c'est juste une exception qui prouve simplement la règle.

Et la grande préoccupation des maîtres a été d'expliquer aux gens les moyens de reconnaître le maître, car le maître est la Voie. Si vous n'avez pas vu quelqu'un qui s'est réalisé, vous ne croirez pas que vous pouvez vous réaliser. Une fois que vous avez vu un bouddha, un illuminé, une flamme énorme commence soudain à s'épanouir en vous : "Si cette beauté, cette grâce, cette sagesse, cette félicité peuvent arriver à n'importe quel homme, alors pourquoi cela ne pourrait-il pas m'arriver à moi ?"

En ce qui concerne les êtres humains, nous avons les mêmes graines et la même potentialité. Mais une graine peut rester une graine et ne jamais devenir une fleur, bien que toutes les possibilités aient été offertes. Mais plutôt que de disparaître dans le sol, la graine peut rester en sécurité, cachée dans une grotte de pierre, pensant qu'il pleut trop dehors, s'inquiétant qu'il y ait trop de soleil dehors, craignant l'inconnu. Elle se sent bien dans le silence fermé de la grotte, mais elle ne peut pas y pousser, elle y pourrira tout simplement. Là-bas, elle restera simplement quelque chose... elle aurait pu être une belle manifestation, elle reste simplement non-manifestée, une chanson non chantée, une poésie non écrite, une vie non vécue.

Il est essentiel de trouver un homme qui puisse provoquer en vous le défi d'atteindre vos sommets.

Le maître n'est rien d'autre qu'un défi - si cela m'est arrivé, cela peut vous arriver. Et le maître authentique - il y a tant d'enseignants qui prônent des doctrines, des croyances, des philosophies - le maître authentique ne se préoccupe pas des mots ; il ne se préoccupe pas des croyances, de l'athéisme ou du théisme ; il ne se préoccupe même pas de Dieu, du paradis ou de l'enfer. Le maître authentique ne se préoccupe que d'une seule chose - vous inciter à voir votre potentiel, à voir à l'intérieur de vous. Sa présence vous rend silencieux, ses mots approfondissent votre silence, son être même commence lentement à faire fondre votre fausseté, votre masque, votre personnalité.

Quel est le problème de la graine ? C'est votre problème à vous aussi. Le problème de la graine est que son enveloppe est protectrice. En perdant sa couverture, elle devient vulnérable. La graine est parfaitement heureuse couverte, mais elle ne sait pas qu'il y a d'autres cieux au-delà des cieux à découvrir, que si elle ne va pas au-delà, elle n'a pas vécu ; parce qu'elle n'a pas connu le monde des étoiles, et qu'elle n'a pas vécu comme une fleur qui danse sous la pluie, au soleil et dans le vent, elle n'a pas entendu la musique de l'existence. Il est resté enfermé dans sa sécurité.

Et le problème est exactement le même avec l'homme. Chaque homme est un bodhisattva. Le mot "bodhisattva" signifie, par essence, un bouddha. La distance entre un bodhisattva et un bouddha est la distance entre la graine et la fleur. Ce n'est pas grand-chose, il faut juste un peu de courage pour combler cette distance.

Mais caché dans l'obscurité d'une caverne, qui va vous donner l'encouragement ? Qui va vous sortir de votre sécurité ? La fonction du maître est de vous faire goûter à l'insécurité, de vous faire goûter à l'ouverture. Et une fois que tu connais l'ouverture, l'insécurité ..... Ce sont les ingrédients de base de la liberté, sans eux vous ne pouvez pas ouvrir vos ailes et voler dans le ciel de l'infini.

Il faut absolument éviter les professeurs, ce sont de faux maîtres. C'est très difficile, car ils parlent la même langue. Vous ne devez donc pas écouter les mots, mais le cœur ; vous ne devez pas écouter leurs doctrines, leur logique et leurs arguments, vous devez écouter leur grâce, leur beauté, leurs yeux ; vous devez écouter et sentir l'aura qui entoure un maître. Comme une brise fraîche, elle vous touche. Une fois que vous avez trouvé votre maître, vous avez trouvé la clé pour ouvrir le trésor de vos potentialités.

Dogen parle de ce problème ancien et éternel. Dogen dit :

DANS LA PRATIQUE DE LA PLUS HAUTE SAGESSE SUPRÊME, IL EST TRÈS DIFFICILE DE RENCONTRER DES MAÎTRES ÉMINENTS.

C'est difficile, et si c'était difficile à l'époque de Dogen, c'est devenu plus difficile de nos jours. Le monde est devenu plus mondain, l'éducation est devenue irréligieuse, la science prédomine - et la science ne croit pas à l'intuition de votre être. Pour la première fois dans l'histoire, toute notre culture est absolument matérialiste. Peu importe que vous soyez à l'Est ou à l'Ouest, le même modèle éducatif s'est répandu dans le monde entier.

Même si vous vous rendez traditionnellement, formellement - par simple conformité sociale - au temple, à la mosquée, au fond de vous, vous n'avez aucune confiance, au fond de vous, il n'y a que le doute. Au fond, vous allez au temple non pas parce que vous avez réalisé quelque chose, non pas parce que vous devez montrer votre gratitude à Dieu. Vous y allez par peur de la société dans laquelle vous vivez - vous ne voulez pas être un paria. Il s'agit simplement d'une conformité sociale.

Cela est devenu très clair lorsqu'en 1917 l'Union soviétique a connu une révolution. Avant la révolution, la Russie était l'un des pays les plus orthodoxes du monde. On croyait à toutes sortes de superstitions, il y avait de nombreux saints, une grande hiérarchie dans l'église. Elle était absolument indépendante du Vatican, elle avait sa propre église. Mais après la révolution, juste en cinq ans, toutes ces croyances, cultivées pendant des siècles, ont disparu. Personne ne se souciait plus de Dieu.

Cela ne signifie pas que tout le monde a compris qu'il n'y a pas de Dieu. Cela signifie simplement que la société avait changé et que vous devez changer avec la société - une autre conformité sociale. Je ne crois pas aux athées russes, tout comme je ne crois pas aux théistes, hindous, chrétiens ou mahométans, pour la simple raison que leur religion n'est pas leur propre expérience, n'est pas leur propre histoire d'amour, c'est juste une conformité pour rester respectable dans la foule.

Quelle est votre religion, si ce n'est le conformisme ?

C'est par la conformité que personne n'a trouvé la religion. Aujourd'hui, c'est devenu un conformisme presque universel, parce que la science l'emporte sur l'esprit, la logique prévaut sur notre pensée, la logique nie tout ce qui est irrationnel, la science nie tout ce qui est éternel. Évidemment, il est devenu de plus en plus difficile de trouver un maître authentique. Même trouver un enseignant est difficile car lui aussi est devenu obsolète. Un enseignant parlera des UPANISHADS, parlera de la BIBLE, parlera de la TORAH, parlera du KORAN - tous sont dépassés.

Pensez-vous qu'un journal, vingt siècles plus tard, aura une quelconque importance ? En l'espace d'un jour, son importance s'est éteinte. Le matin, vous attendiez le journal avec tant de curiosité, le soir même, il est jeté. Il a rempli sa fonction : une curiosité pour savoir ce qui se passe autour de soi, juste une nouvelle façon plus technique de faire des ragots.

Aujourd'hui, il n'est plus possible de poursuivre l'ancien type de commérage car les gens vivent très loin les uns des autres. Les journaux, la radio et la télévision sont les nouvelles formes de commérage. Ils répandent toutes sortes d'absurdités et de stupidités aux gens. Autrefois, c'était le travail du prêtre, de l'enseignant.

Même dans le passé, comme le dit Dogen, il était très difficile de rencontrer des maîtres éminents. Mais ils n'ont jamais cessé d'exister. Même aujourd'hui, c'est possible, bien qu'il soit devenu plus difficile de trouver un maître.

Parce que le monde entier et son climat, son esprit, se sont détournés de la recherche intérieure. Aujourd'hui, celui qui part à la recherche intérieure part seul, sans aucun soutien de la société. En fait, la société crée toutes sortes de problèmes pour l'homme qui part à la recherche de lui-même.

Les gens rient simplement : "Ne sois pas stupide, va chercher de l'argent, va chercher une belle femme, va chercher à devenir l'homme le plus riche du monde, va chercher à devenir le premier ministre d'un pays. Où allez-vous et que ferez-vous si vous vous trouvez ? Vous serez tout simplement bloqué. Une fois que vous vous serez trouvé, qu'allez-vous faire ? Vous ne pouvez pas le manger. C'est tout simplement inutile". Tout l'effort des siècles est soudain devenu complètement inutile, parce que très peu de gens ont osé franchir la ligne, la frontière que la société crée autour de vous.

Ces quelques personnes ont trouvé la source même de la vie, elles ont trouvé que nous ne sommes pas nés avec notre naissance, et que nous n'allons pas mourir avec notre mort. Ni la naissance, ni la mort... notre essence est éternelle, sans commencement, sans fin. Les naissances et les morts se sont produites mille et une fois, ce ne sont que des épisodes, de toutes petites choses par rapport à notre éternité.

Dès que quelqu'un trouve cette éternité, elle commence à le transformer. Il devient un homme nouveau dans le sens où sa vision est claire. Il n'appartient à aucune foule, il ne peut pas être chrétien, hindou ou musulman, parce qu'il sait au plus profond de lui-même que nous faisons tous partie d'une seule existence.

Toutes les divisions sont stupides. Comment un homme qui s'est réalisé peut-il appartenir à une foule, être membre d'une foule ? Il devient un sommet de la conscience, se dressant seul comme l'Everest. Il se suffit à lui-même, et le trouver est certes difficile, mais pas impossible. Vous pouvez le rendre impossible si vous partez à sa recherche avec certains préjugés, avec certains critères déjà décidés par votre esprit.

Par exemple, un jaïna, même s'il croise un bouddha, ne pourra pas le voir. Ses yeux sont couverts par son soi-disant jaïnisme. Il ne peut respecter qu'un homme comme Mahavira, c'est son critère.

Et le problème est que chaque âme réalisée est si unique que vous ne pouvez pas faire de critères. Il vous faudra être plus subtil, plus intelligent. Le jaïna ne peut pas accepter le Bouddha comme autoréalisé parce qu'il porte encore des vêtements. Son idée de la réalisation de soi est que l'on renonce à tout, même aux vêtements ; on se tient nu.

Mais n'oubliez pas que même un acteur peut se tenir nu, n'en faites pas un critère. Mahavira est unique - il aime être nu, en plein air, sous le ciel et les étoiles. C'est beau, mais ce n'est pas un critère. Gautam Bouddha mange une fois par jour. Ce n'est pas un critère, si quelqu'un mange deux fois par jour, il ne peut pas être considéré comme un bouddha. Mais même nos soi-disant intelligents et nos soi-disant religieux comme le Mahatma Gandhi font des critères aussi stupides.

Selon lui, un homme de réalisation ne peut pas boire du thé. Tous les maîtres bouddhistes ont bu du thé, c'est leur découverte. C'est Bodhidharma qui a découvert le thé. Le nom "thé" vient de la montagne Tha en Chine, où Bodhidharma méditait. Et le nom est resté le même dans différentes langues... avec de légers changements. En hindi c'est chai, en marathi c'est cha, en chinois c'est tha, en anglais c'est devenu tea. Mais un millier de maîtres n'ont jamais nié que le thé soit quelque chose de non spirituel.

Au contraire, le zen possède dans ses monastères une maison de thé spéciale, et lorsqu'ils vont prendre le thé, cela s'appelle une cérémonie du thé. Ils ont transformé le simple fait de boire du thé en une magnifique méditation.

Vous devez laisser vos chaussures dehors comme si vous entriez dans un temple. Et il y a un maître qui va diriger la cérémonie. Puis tout le monde s'assied dans le silence du monastère, le thé est préparé sur le samovar et tout le monde écoute la musique du samovar qui fait bouillir le thé. Cela devient une méditation. La vigilance est une méditation, ce que vous regardez n'a pas d'importance.

Puis le maître, avec une grande grâce, apporte le thé à tout le monde ; il verse le thé avec une immense conscience, une grande attention, un grand respect, et tout le monde reçoit le thé comme s'il recevait quelque chose de divin. Dans ce silence, en sirotant le thé... et cette chose très ordinaire est devenue une expérience spirituelle. Personne ne peut parler dans la maison de thé, le silence est la règle. Lorsque vous posez vos tasses et vos soucoupes, vous vous inclinez également avec gratitude envers l'existence. Le thé n'était qu'un symbole.

Mais dans l'ashram du Mahatma Gandhi, vous ne pouviez pas boire de thé, vous ne pouviez pas tomber amoureux d'une femme.

Chaque jour, vous deviez manger avec votre repas des feuilles de margousier, qui sont les feuilles les plus amères du monde, juste pour détruire votre goût ; parce que les écritures disent que l'absence de goût est un critère de spiritualité. Cela peut être un critère de stupidité, cela ne peut pas être un critère de spiritualité ; sinon tous les buffles seront spirituels.

Avez-vous observé des bisons ? Ils mâchent toujours la même herbe, ne montrant en aucun cas s'ils sont heureux ou malheureux, restant si contents et distants. Et ils continuent toute la journée, à mâcher et mâcher. Cela ne doit pas être très délicieux. Vous pouvez essayer, de temps en temps, il est bon d'essayer ce que font d'autres espèces dans le monde. Mais je ne dirai pas que le manque de goût a quelque chose à voir avec la religion. Au contraire, plus vous devenez méditatif, plus votre goût devient profond. Chaque sens devient plus sensible, vous entendez plus, vous voyez mieux, votre toucher commence à devenir plus chaud.

Touchez simplement les mains de quelques personnes et vous verrez la différence. Les mains de certaines personnes sont chaudes.

Les mains chaudes montrent qu'elles sont prêtes à donner, à partager ; la chaleur est leur énergie qui se dirige vers vous, c'est vraiment un symbole d'amour. Mais tenir les mains de certaines personnes sera comme tenir une branche morte d'un arbre, rien ne bouge dans leurs mains. Mais ces personnes, dans le passé, ont été appelées spirituelles. Plus vous êtes mort, plus vous êtes spirituel. Ne mangez pas pour le plaisir du goût !

Vous ne pouvez pas croire que les écritures bouddhistes ont trente-trois mille règles pour qu'une personne soit spirituelle. En tout cas, je ne peux pas devenir spirituel, simplement parce que je ne peux pas compter autant de règles. Je ne peux pas me souvenir d'autant - trente-trois mille règles ! Chaque fois que je compte, je le fais sur mes doigts et après le troisième doigt, je me perds toujours. Mais cela ne signifie pas que je ne peux pas être spirituel, l'arithmétique n'a rien à voir avec la spiritualité. Et quelles sont ces règles ?

Je vais vous donner un exemple. Un jeune moine va diffuser la parole de Bouddha auprès des masses.

Avant de prendre congé, il touche les pieds de Bouddha et lui demande s'il a quelque chose à lui dire, car il ne pourra pas le revoir avant la deuxième mousson.

Bouddha a répondu : "Oui, j'ai quelques instructions pour vous. La première est de ne jamais regarder à plus d'un mètre devant soi."

L'homme dit : "Mais pourquoi ?"

Bouddha a dit : " C'est pour éviter les femmes. Tout au plus, vous pouvez voir leurs pieds. Ensuite, avancez, ne regardez pas leur visage. Gardez les yeux rivés sur le sol."

Maintenant, un tel homme ne peut pas voir les étoiles, un tel homme ne peut pas voir le coucher ou le lever du soleil, un tel homme est complètement coupé de l'existence, sa sensibilité a été tuée. Il a des yeux mais il est presque aveugle - des yeux qui ne peuvent voir qu'à quatre pieds devant lui. Son énorme capacité à voir est réduite à quatre pieds seulement.

Le jeune moine demanda : "Si de temps en temps j'oublie, ou s'il y a une situation particulière dans laquelle je dois voir une femme, que dois-je faire ?"

Bouddha a dit : "Fermez les yeux. Je suis particulièrement concerné, car une fois que vous avez vu une belle femme, vous pouvez fermer les yeux mais vous ne pouvez pas oublier le visage." En fait, avec les yeux fermés, elle devient plus belle.

Si j'étais à la place de Gautam Buddha, je donnerais une loupe à tout le monde ! Portez-la !

Chaque fois que vous rencontrez une belle femme, regardez-la et ses yeux deviendront des monstres ; son nez deviendra si gros qu'aucun juif ne pourra le vaincre. Mais ce n'est pas de la spiritualité, porter une loupe...

Sa restriction n'est rien d'autre qu'une répression, et une personne réprimée ne peut jamais entrer dans son propre être.

Ces sentiments et ces pensées refoulés deviennent une coquille dure qui le sépare de lui-même, de sa propre origine. Seul un être non réprimé, sans pensée, silencieux, peut briser la barrière et atteindre sa source vivante. Et dès que vous atteignez votre source vivante... vous n'avez rien à faire, cela fait des miracles. Elle commence à changer vos attitudes, vos approches, elle commence à changer tout ce que vous avez connu de vous-même. Elle vous apporte un nouvel être.

Trouver un maître est facile si vous êtes disponible non seulement aux mots, mais aussi aux silences ; non seulement aux mots, car la vérité ne passe jamais par les mots, mais entre les mots, entre les lignes, dans les espaces silencieux. Si vous cherchez un maître, ne portez aucun critère, aucun préjugé. Soyez absolument disponible, de sorte que lorsque vous rencontrez un maître, vous pouvez sentir son énergie. Il porte tout un monde d'énergie autour de lui. Sa propre expérience rayonne tout autour de lui. Si vous êtes ouvert et que vous n'avez pas peur d'expérimenter quelque chose de nouveau, de goûter quelque chose d'original, il n'est pas très difficile de trouver un maître. La difficulté, si elle existe, est de votre côté.

Mais la déclaration de Dogen est juste : ... IL EST PLUS DIFFICILE DE RENCONTRER DES MAÎTRES ÉMINENTS.

QU'ILS SOIENT HOMMES OU FEMMES, ILS DOIVENT ÊTRE CEUX QUI ONT RÉALISÉ QUELQUE CHOSE D'INDESCRIPTIBLE.

C'est ce qui fait d'eux des maîtres : s'ils savent quelque chose qui ne peut être décrit, s'ils ont une expérience qui ne peut être expliquée. Le maître est un mystère. Il le sait mais il ne peut pas le dire. Il peut le partager si vous êtes prêt. Il peut vous inviter dans son propre être. Si vous n'avez pas peur, si vous êtes intrépide, si vous avez le courage d'explorer la partie la plus inconnue de l'existence, vous pouvez devenir un invité dans la maison du maître. Mais n'oubliez pas que dès que vous entrez dans la maison du maître, le maître entre en vous. Deux consciences ne peuvent rester séparées. Dès que deux consciences se rapprochent, elles ne font plus qu'une.

Et c'est la seule chose qu'il faut retenir : si avec quelqu'un vous ressentez une profonde affinité, une profonde synchronicité, comme si une seule âme se trouvait dans deux corps, alors ne manquez pas cet homme. Il va vous conduire à la même expérience incroyable, indescriptible, inexprimable.

C'EST LA RÉALISATION DE L'ESSENCE DE LA VOIE.

Trouver le maître, c'est trouver la Voie.

PAR CONSÉQUENT, ILS DIRIGENT LES AUTRES ET LEUR PROFITENT, SANS METTRE DE CÔTÉ LA CAUSALITÉ ET SANS FAIRE DE DIFFÉRENCE ENTRE EUX ET LES AUTRES.

Un mystique soufi très célèbre venait dans un endroit où j'ai vécu pendant vingt ans, et ses disciples voulaient toujours que je rencontre leur maître. J'ai dit : "La seule solution est la suivante : la prochaine fois, votre maître pourra rester avec moi."

La fois suivante, le maître soufi est venu, il est resté avec moi, et je lui ai demandé la première chose : "Es-tu toujours mahométan ?".

Il avait l'air surpris et choqué. Il a dit : "Bien sûr."

J'ai dit : "Alors vous ne connaissez pas l'indescriptible. Ces divisions entre mahométans et hindous, jaïnas et bouddhistes sont des divisions de médiocres et d'attardés."

Mais il a dit : "J'ai réalisé Dieu. Je le vois."

J'ai dit : "Tout cela n'a aucun sens."

Anando vient de m'apporter... Il existe en Amérique une nouvelle espèce de prêtres, les prêtres de la télévision, qui n'a jamais existé auparavant. Un prêtre de télévision très célèbre est devenu encore plus célèbre depuis qu'il a déclaré qu'il voit Dieu toutes les nuits. Dieu fait neuf cents pieds de long ! J'ai dit à Anando : "Ecrivez-lui une lettre de ma part : "S'il vous plaît, dites-moi, avez-vous une échelle et quelque chose pour mesurer ? ou est-ce que c'est juste une supposition ?". Neuf cents pieds, exactement !

Nous pensons que nous vivons au vingtième siècle. Même en Amérique, les gens ne vivent pas au vingtième siècle, sans parler de pays comme l'Inde. Des millions de personnes vénèrent cet homme et personne ne se soucie de savoir si c'est si stupide.

En voyant cela, un autre missionnaire a commencé à déclarer qu'il voit aussi Dieu et qu'il a une longue barbe blanche. Je lui ai donc envoyé ma photo : "Ne te trompe pas, c'est moi qui te rends visite dans tes rêves !

En premier lieu, si Dieu est éternel, il ne peut pas avoir de cheveux blancs. Il sera toujours jeune. C'est l'homme qui devient vieux."

Il a même publié sa photo, qui est similaire à la mienne, alors je lui ai dit : "Regardez ma photo. Pour ne pas être reconnu par les autres, je porte des lunettes. Mais c'est moi que tu as vu dans tes rêves. N'exploite pas les gens en disant que tu vois Dieu."

Dieu n'est pas un objet. Vous ne pouvez pas voir Dieu. Dieu est votre conscience même. C'est celui qui voit, pas celui qui est vu. C'est vous, et non un objet quelconque quelque part. C'est votre centre le plus intime, qui est le seul point éternel, immuable, immortel, divin dans sa beauté, dans ses bienfaits.

Lorsque vous vous approchez d'un maître, n'oubliez qu'une chose : retirez toutes vos défenses. Soyez aussi vide que possible, afin que l'énergie du maître puisse vous pénétrer, puisse pénétrer votre être, puisse toucher votre cœur. Et c'est une réalisation immédiate. Tout comme lorsque vous tombez amoureux, vous ne pensez pas à l'amour, vous ne consultez pas les bibliothécaires sur l'amour, vous ne demandez pas à vos aînés comment tomber amoureux. Il n'y a pas d'école qui enseigne comment tomber amoureux. Mais les gens tombent amoureux, ça arrive soudainement.

Tout comme l'amour se produit soudainement au niveau inférieur, au niveau physique et biologique... trouver le maître est une forme de l'amour le plus élevé. Au moment où vous entrez dans la zone de son influence - que l'on appelle le champ de Bouddha, le champ du maître - vous vous mettez soudain à palpiter d'une nouvelle énergie, vous sentez soudain une nouvelle fraîcheur, une nouvelle brise qui vous traverse, un nouveau chant qui ne fait pas de bruit. Il ne vous reste plus qu'à vous détendre dans une profonde gratitude. Ne prononcez même pas le mot "merci", car cela revient à vous séparer. Ce n'est pas le moment de prononcer un mot... juste un geste de gratitude.

UNE FOIS QUE NOUS AVONS RENCONTRÉ UN MAÎTRE, NOUS DEVONS PRATIQUER LA VOIE. Si le maître lui-même est la Voie, comment pratique-t-on ? On observe simplement comment le maître se déplace, quels gestes il fait, comment il réagit aux situations. Car il est à chaque instant une conscience absolue. Chacune de ses actions est une indication de son être le plus profond. Observez-le ! Regardez-le quand il dort, regardez-le quand il se réveille, regardez-le quand il parle, regardez-le quand il est assis en silence, sans rien faire.

Regarder le maître avec une gratitude et un amour profonds, absorber son énergie en silence. .... C'est presque comme boire de l'eau quand vous avez soif, un profond sentiment de contentement vous envahit. ...

À L'ÉCART DES RELATIONS MONDAINES ET À L'ABRI DU TEMPS LIBRE, MÊME DANS LA PENSÉE, LA NON-PENSÉE ET LA PENSÉE NEUTRE. PAR CONSÉQUENT, NOUS DEVONS NOUS ENTRAÎNER AVEC AUTANT DE CŒUR QUE SI NOUS SAUVIONS NOTRE TÊTE D'UN FEU BRÛLANT. UN MAÎTRE ZEN QUI A ABANDONNÉ SON CORPS ET SON ESPRIT N'EST AUTRE QUE NOUS-MÊMES.

Le Bouddha et vous, dans votre conscience la plus profonde, êtes un. Les UPANISHADS déclarent : aham brahmasmi - Je suis Dieu. Ce n'est pas une attitude égoïste - les personnes qui ont écrit les Upanishads ne les ont même pas signées. Nous ne savons pas qui a écrit ces Upanishads. Leurs déclarations sont si claires - il est impossible d'avoir un ego et de faire des déclarations aussi claires sur la vérité. Et lorsqu'ils ont déclaré : "Aham brahmasmi", ils ne le déclaraient pas seulement pour eux-mêmes, mais pour tout le monde : "Tu es le Dieu", ne le cherchez pas ailleurs. Vous ne le trouverez dans aucun lieu saint. Si vous ne pouvez pas le trouver en vous, vous ne pourrez pas le trouver ailleurs. Dès que tu le trouves en toi, il est partout. Alors vous le verrez dans le chant d'un coucou ou le gazouillis des oiseaux ou dans un coup de tonnerre ou dans ce silence. Alors il est partout.

Une fois que vous le connaissez en vous, vous le connaissez partout. L'existence entière devient un seul continent.

L'ego fait de vous des petites îles. Et rappelez-vous, aucun homme n'est une île, car même la petite île, au fond, est reliée au continent. Il faut juste aller un peu plus loin, plonger un peu plus loin.

C'EST INÉVITABLEMENT PAR LA SINCÉRITÉ ET LA PIÉTÉ QUE NOUS RÉALISONS ET RECEVONS L'ESSENCE DE LA LOI DE NOTRE MAÎTRE.

Ce mot "loi" est une traduction très difficile du mot dhamma. Il donne une vision déformée ; dès que vous entendez le mot "loi", vous vous souvenez de vos tribunaux et de votre constitution, de vos autorités légales ; vous ne vous souvenez pas du mot "dhamma".

Dhamma est la traduction en pali du sanskrit dharma. Et "dharma" signifie : le feu est chaud - le chaud est le dhamma du feu ; la glace est froide, c'est le dhamma de la glace. Et vous êtes un bouddha, c'est le dhamma de vous.

Pour mieux traduire, la loi ne devrait pas être utilisée pour traduire le dhamma, mais plutôt la "nature". Il est dans votre nature d'être un bouddha. Il importe peu que vous oubliiez parfois. Vous pouvez rester dans l'oubli pendant toute votre vie ou de nombreuses vies. Pourtant, comme un courant sous-jacent, le même dhamma, le même bouddha, la même conscience continue.

Une fois, c'est arrivé... George Bernard Shaw voyageait de Londres à un endroit quelconque. Le contrôleur de billets est arrivé et George Bernard Shaw a tout regardé, a fouillé toute sa valise, transpirant. Il n'a pas trouvé le billet, alors qu'il savait parfaitement qu'il avait acheté un billet. Le contrôleur lui dit : "Ne vous inquiétez pas. Je vous connais, tout le monde vous connaît. Vous avez dû le mettre quelque part, ne vous inquiétez pas. Je veillerai à ce que personne ne vous harcèle."

Bernard Shaw a dit : "Ce n'est pas le problème, mon garçon. Le billet n'est pas le problème. Le problème est de savoir comment savoir où je vais. Tu crois que je cherche le billet pour toi ?"

Vous pouvez oublier. L'oubli fait partie de notre nature, tout comme le souvenir. Vous avez tous dû arriver à un moment où vous essayiez de vous souvenir du nom d'une vieille connaissance. Vous dites qu'il est juste sur le bout de la langue. Que voulez-vous dire ? S'il est sur le bout de la langue, crachez-le ! Vous savez parfaitement que vous savez, mais vous ne parvenez pas à l'exprimer. Plus vous essayez, plus cela devient difficile, car plus vous essayez, plus le passage devient étroit. L'esprit devient tendu et les vieux souvenirs ne peuvent pas passer à travers cette tension. Finalement, vous abandonnez et vous vous mettez à fumer, et tout en fumant, vous y arrivez. Vous n'arrivez pas à y croire, vous aviez essayé si fort, vous saviez que c'était juste sur le bout de la langue, et pourtant vous ne pouviez pas l'exprimer. Je vous dis que le

Bouddha est juste sur le bout de votre langue. Il s'agit seulement de fumer un peu. Une petite relaxation, c'est ce que donne la cigarette.

Les gens fument des cigarettes et des cigares sans savoir que, psychologiquement, il s'agit simplement du sein de leur mère. C'est pourquoi cela leur procure une telle détente. L'enfant reçoit du lait tiède du mamelon de sa mère ; la cigarette lui apporte de la fumée tiède - et vous avez tout oublié, vous êtes redevenu un enfant, innocent, détendu. Aucun gouvernement ne peut empêcher les gens de fumer, car fumer n'est pas vraiment la question. Il y a une psychologie profonde derrière.

On peut voir la psychologie sans grande érudition. Les poètes chantent le sein de la femme plus que tout autre chose. Les peintres peignent le sein de la femme plus que tout autre chose. Il y a quelques peintres qui ne peignent que des seins de femmes et rien d'autre. Ils continuent à améliorer ...

Pourquoi cette obsession ? Pourquoi cette fixation ? La réalité est que de plus en plus de mères ne veulent pas allaiter leur enfant, parce que nourrir l'enfant de cette façon, c'est déformer le sein. L'enfant continue à tirer, cela allonge le sein, et chaque femme veut que le sein soit bien formé, rond, une pleine lune, et ces jeunes monstres ne le permettent pas. Ils sont intéressés par leur travail, parce qu'un sein rond, l'idée qu'un sculpteur se fait d'un sein de femme, tuera l'enfant. Si le sein est rond, l'enfant ne pourra pas se nourrir, son nez sera fermé. Soit il peut respirer, soit il peut boire, mais il ne peut pas faire les deux ensemble. Ainsi, toutes ces peintures et statues de Khajuraho, tous ces grands peintres, ne comprennent pas que la vie de ce pauvre enfant est en jeu !

Toutes les femmes s'y intéressent, et maintenant on en discute même dans les parlements du monde entier : "Faut-il forcer les femmes à nourrir l'enfant, ou leur donner la liberté de choisir elles-mêmes ?" Aucune femme ne veut déformer ses seins. À moins qu'elles ne trouvent un dispositif technologique... et c'est possible. Il suffit de joindre le sein et la bouche du bébé avec un petit tuyau. Et l'enfant est presque sur un cigare dès le début !

Je vois toujours des solutions simples à de très grands problèmes ! Juste un petit tuyau en plastique ... l'enfant va en profiter et il pourra continuer à en profiter plus tard aussi parce qu'il va être en compagnie de femmes.

Personne ne peut empêcher par la loi quelque chose qui a une racine psychologique. Et personne ne peut vous empêcher de devenir un bouddha, car c'est votre nature même. Ce qui est différent, c'est que vous êtes impliqué dans les petites choses du monde - pouvoir, prestige, respectabilité - et que vous oubliez de vous accorder un peu de temps à vous-même. Juste un peu de temps pour vous, en oubliant le monde entier... il n'est pas nécessaire d'y renoncer. Je suis contre le fait de renoncer à quoi que ce soit.

Toutes les religions du monde ont été des religions de renoncement. Elles voulaient que les gens méditent, renoncent au monde, aillent dans les montagnes, dans les forêts, dans les déserts où personne ne vient. Mais cela n'a pas fonctionné, cela ne fonctionne pas. Même si vous allez à la montagne, une foule vous y suivra - dans votre esprit, pas à l'extérieur. Dehors, vous ne verrez personne, mais les yeux fermés, vous penserez à tant de choses : votre femme, vos enfants, vos vieux parents, vos amis et toutes sortes de choses stupides - Lions Club et Rotary Club. Des choses auxquelles vous n'aviez jamais pensé auparavant vous viendront à l'esprit, parce que n'ayant rien d'autre à mâcher... même le chewing-gum n'est pas disponible, vous devez mâcher quelque chose. Les gens commencent à penser à des choses étranges.

Mais ce n'est pas se réaliser. Je suis contre le fait de renoncer au monde, je veux que vous soyez dans le monde aussi totalement que possible. Alors, de temps en temps, prenez des vacances. Au petit matin, pendant quelques instants, renoncez à tout, oubliez tout, et soyez simplement vous-même. Dans la nuit noire, quand tout le monde dort, asseyez-vous sur votre lit et soyez simplement vous-même.

Celle-ci est bien plus réussie. L'ancien renoncement était presque violent. Personne ne l'a signalé parce que personne ne veut être condamné, mais je suis tellement condamné maintenant que je m'en moque. Toutes les religions sont responsables de millions de femmes qui sont devenues veuves alors que leurs maris étaient vivants ; d'enfants qui sont devenus orphelins alors que leurs pères étaient vivants ; de vieux parents qui sont devenus mendiants parce que leur jeune fils dont ils dépendaient avait renoncé au monde. Personne n'a compté combien l'idée même du renoncement a fait de mal, et quel est le gain ? Il suffit de mesurer les deux, il semble qu'il n'y ait aucun gain. Tous ceux qui ont renoncé ne font que rêver des mêmes choses, s'accrocher de la même façon, être jaloux de la même façon.

J'étais dans l'Himalaya et j'allais m'asseoir sous un arbre, lorsque d'un autre arbre, un moine, un moine hindou, a crié : " Ne vous asseyez pas là. Cela appartient à mon maître."

J'ai dit : "Mon Dieu, même ici, dans cette forêt .....". Vous avez renoncé au monde entier, mais vous n'avez pas encore renoncé à l'arbre. Et l'arbre n'appartient à personne."

Il a dit : "Je vous préviens, c'est un homme dangereux."

J'ai dit : "Il doit être dangereux, car le renoncement au monde ne peut être fait que par des gens violents."

Comment pouvez-vous quitter le monde ? C'est votre propre mer, dans laquelle vous êtes le poisson. Si vous la quittez, vous mourrez. Comment un oiseau peut-il quitter le ciel ? C'est son monde à lui. S'il quitte le ciel, il mourra. Tu ne peux pas quitter le monde, mais juste à la marge, tu peux prendre quelques vacances, quelques moments pour toi...

et personne n'en saura rien.

Ces petits moments où vous laissez tomber le monde entier comme si c'était un rêve - et où votre propre être reste la seule réalité - sont les plus grands moments de joie, de paix, de silence, de félicité.

Ces moments sont divins. Dans ces moments, vous n'êtes plus l'être humain ordinaire, vous avez soudainement transcendé l'humanité, vous avez transcendé toute forme, vous êtes entré dans l'existence sans forme. Votre cœur devient le battement de cœur de l'existence entière.

C'est la seule pratique possible, tout le reste est non essentiel et dangereux. Soyez ordinaire en tout point, gardez juste quelques petits espaces ici et là. Le monde continue, vous ne vous en mêlez pas, vous ne vous en échappez pas non plus. Vous y participez, et avec la participation, vous continuez à grandir intérieurement dans ces quelques moments. Rester dans le monde et devenir un bouddha, tel est mon message.

LORSQUE QUELQU'UN A RÉALISÉ LA GRANDE LOI ET L'ESSENCE DES BOUDDHAS ET DES PATRIARCHES, NOUS LE SERVONS, EN NOUS PROSTERNANT AVEC RÉVÉRENCE.

Que pouvons-nous faire lorsque quelqu'un rayonne la conscience, rayonne la danse de l'existence ? Qu'avons-nous à offrir ? En Occident, on s'est toujours demandé pourquoi les gens en Orient touchaient les pieds de leurs maîtres. Ils ne savent pas que c'est devenu une chose traditionnelle. Malheureusement, tout devient traditionnel ; mais fondamentalement, c'est d'une grande beauté. Ce n'est pas une question de pieds. C'est simplement une question de gratitude qui ne peut être dite, mais seulement exprimée en touchant les pieds du maître SAKYAMUNI-BUDDHA SAID :

"QUAND TU RENCONTRES UN MAÎTRE QUI EXPOSE LA SAGESSE SUPRÊME, NE CONSIDÈRE PAS SA NAISSANCE."

ne demandez pas à quelle caste il appartient, ne vous interrogez pas sur son apparence. Il n'est peut-être pas beau selon vos idées, il n'est peut-être pas issu d'une caste élevée, des brahmanes ; il est peut-être un sudra comme Kabir ou Dadu. Il peut ne pas avoir renoncé à un royaume comme Bouddha et Mahavira.

Mais tout le monde n'a pas un royaume auquel renoncer. Je connaissais un receveur des postes, un homme très pauvre. Il vivait juste à côté de chez moi, alors nous avions l'habitude de parler de temps en temps. Lorsque sa femme est morte - il n'avait pas d'enfants - il a renoncé au monde. Les mêmes personnes qui n'avaient jamais prêté attention au pauvre homme ont commencé à toucher ses pieds, et il est rapidement devenu très célèbre. Vingt ans plus tard, je l'ai rencontré à nouveau par l'intermédiaire d'un de ses disciples qui m'a dit : "Tu devrais le voir."

J'ai dit : "Je le connais."

Mais ils ont dit : "Il a changé, c'est un homme transformé. Il a renoncé à des millions."

J'ai dit : "Je sais que sur son compte postal, il n'avait gardé que trente-six roupies. Où a-t-il trouvé des millions ?" Mais des rumeurs... et il profitait de ces rumeurs. J'ai dit : "Je viens pour le ramener à la raison."

Je lui ai demandé : "Dites à vos disciples combien de roupies il vous restait sur votre compte postal."

Il m'a regardé si tristement. Il a dit : "Il vaudrait mieux qu'on se rencontre séparément, seuls, pas avec tous ces gens."

J'ai dit : "Je dois me rencontrer ici devant tout le monde, car ces gens pensent que tu as renoncé à des millions. Maintenant, dis clairement combien de roupies !"

Il a dit : "Trente-six."

Les disciples ont dit : "Trente-six ? Et tu ne nous l'as jamais dit avant ?"

Il a dit : "J'aimais l'idée que j'avais renoncé à des millions. Et je n'ai jamais rien dit... Je n'ai simplement pas nié. Donc vous ne pouvez pas me blâmer."

Et j'ai dit, "Dites à ces gens la vraie chose."

Il a dit : "Quel vrai truc ?"

En réalité, avant de décider de renoncer, il m'a demandé d'écrire trois discours pour lui, un pour dix minutes, un pour vingt minutes, un pour trente minutes. Il m'a dit : "Je les mémoriserai complètement et pour une occasion de dix minutes, j'en utiliserai un ; si vingt minutes sont disponibles, j'utiliserai celui-là. Je ne pense pas que plus de trente minutes seront disponibles pour moi lors des conférences."

J'ai dit : "Je vous demande de me parler de ces trois discours. Les utilisez-vous encore ou non ?"

Il a dit : "Mon Dieu, tu es venu ici pour me tuer complètement ! Ces gens pensent que je suis un homme réalisé !"

J'ai dit : "Dites à ces gens que ces trois discours ont été écrits par moi."

Il a dit : "Je dois l'admettre." Mais il a perdu toute sa renommée. Soudain, ses disciples ont disparu, tout le monde s'est mis à rire de tout cela. Mais pendant vingt ans sans interruption, il avait maintenu sa grande érudition avec ces trois discours.

Je l'ai ramené chez moi. J'ai dit : "J'ai besoin d'un jardinier. Tu fais le jardin et tu médites avec les plantes, avec les roses." Et l'Inde a tant de belles fleurs, incomparables, à cause du climat. La rose indienne a un parfum qui n'est pas possible dans un pays froid ; le parfum ne se dégage pas, il a besoin du soleil. L'Inde a tant de belles fleurs, inconnues du monde. J'avais un beau jardin, alors je l'ai mis au travail.

Il a dit : "Je me réjouissais d'être un être éclairé, et malheureusement quelqu'un t'a amené là.

Dans cette vieillesse, je dois maintenant redevenir un jardinier."

J'ai dit : "C'est beaucoup plus authentique. Sois juste un jardinier. C'est un travail simple. Vous pouvez méditer et vous pouvez arroser les plantes. L'arrosage des plantes ne perturbe pas votre méditation. Les fleurs ne sont pas dérangeantes, les arbres sont très aimants et très paisibles. Je vous donne un temple vraiment vivant."

Dogen dit que lorsque vous rencontrez un maître, ne pensez pas à sa naissance, ne vous souciez pas de son apparence. Tout ce qu'il faut, c'est reconnaître qu'il s'agit d'un homme qui s'est réalisé lui-même ; tout le reste n'est pas essentiel. Tout ce qu'il faut maintenant, c'est une profonde gratitude. C'est un miracle de trouver un tel homme, et vous l'avez trouvé.

Votre gratitude apportera un printemps à votre être. L'expérience du maître commencera à couler vers vous tout comme les rivières descendent des montagnes vers l'océan. Votre gratitude devient comme un océan : vaste, disponible. Et les hauteurs du maître sont comme les montagnes, d'où viennent le Gange et des milliers d'autres rivières qui courent, se précipitent, sautent de rocher en rocher, de vallée en vallée, pour atteindre l'océan. Si vous êtes avec un maître, tout ce dont vous avez besoin est l'humilité, la gratitude. Et le maître ne manquera pas de se déverser en vous.

DOGEN A CONTINUÉ, ... LES HOMMES ET LES FEMMES PEUVENT TOUS DEUX RÉALISER LA VOIE. EN TOUT CAS, LA RÉALISATION DE LA VOIE DOIT ÊTRE RESPECTÉE, QUEL QUE SOIT LE SEXE. C'EST UNE RÈGLE EXTRÊMEMENT EXCELLENTE DANS LA VOIE. MÊME UNE PETITE FILLE DE SEPT ANS PEUT DEVENIR L'ENSEIGNANTE DES QUATRE CLASSES DE BOUDDHISTES ... SI ELLE PRATIQUE ET RÉALISE LE DHAMMA ... NOUS DEVRIONS LUI FAIRE UNE OFFRANDE VÉNÉRABLE COMME AUX BOUDDHAS.

Ni l'âge, ni la naissance, ni le pays, ni la race ne comptent. Ce qui compte, c'est votre conscience, et la conscience n'est ni hindoue, ni chrétienne, ni musulmane. C'est juste un feu, un feu éternel, invisible à l'œil extérieur mais visible lorsque vous fermez les yeux et allez vers l'intérieur.

Un haïku :

DES MONTAGNES DE VERT

DES MONTAGNES DE BLEU SE DRESSENT :
MA GRATITUDE MONTE
ET REMPLIT MES YEUX.
Ryokan a écrit :
LE VOLEUR
L'A LAISSÉ DERRIÈRE LUI -
LA LUNE À LA FENÊTRE.

C'est juste ce que Ryokan a écrit après que le voleur soit parti. Toute l'histoire est belle. Une nuit, un voleur est entré dans la petite hutte de Ryokan. Ryokan n'avait qu'une seule couverture qu'il utilisait jour et nuit pour se couvrir. C'était sa seule possession. Il était allongé mais ne dormait pas, il a ouvert les yeux et a vu le voleur entrer. Il eut une grande compassion pour lui car il savait qu'il n'y avait rien dans la maison. "Si le pauvre homme m'avait informé avant, j'aurais pu mendier quelque chose auprès des voisins et le garder ici pour qu'il le vole. Mais maintenant, que puis-je faire ?"

Voyant qu'il n'y avait rien, qu'il était entré dans la cabane d'un moine, le voleur commença à sortir.

Ryokan n'a pas pu résister. Il a donné sa couverture au voleur. Le voleur a dit : "Que fais-tu ? Tu es tout nu. C'est une nuit très froide !"

Il a dit, "ne vous inquiétez pas pour moi. Mais ne pars pas les mains vides. J'ai apprécié ce moment, vous m'avez fait me sentir comme un homme riche. Les voleurs ont l'habitude d'entrer dans les palais des empereurs. En entrant ici, ma hutte est aussi devenue un palais, je suis aussi devenu un empereur. Dans ma joie, ce n'est qu'un cadeau."

Même le voleur a eu pitié de lui et il a dit : "Non, je ne peux pas recevoir ce cadeau parce que tu n'as rien. Comment vas-tu passer la nuit ? Il fait si froid, et il fait de plus en plus froid !"

Ryokan dit avec des larmes dans les yeux, "Tu me rappelles encore et encore ma pauvreté. Si c'était en mon pouvoir, j'aurais saisi la pleine lune et je te l'aurais donnée."

Quand le voleur est parti, il a écrit dans son journal :

LE VOLEUR
L'A LAISSÉ DERRIÈRE LUI -
LA LUNE À LA FENÊTRE.

Ces haïkus ne sont pas des poèmes ordinaires. Ce sont des déclarations de profonde méditation.

Question 1 :

Maneesha a demandé :

NOTRE MAÎTRE BIEN-AIMÉ,

QUELLE EST L'ESSENCE DE LA LOI DE NOTRE MAÎTRE ?

Maneesha, je ne suis pas ici - juste un espace vide, un bambou creux. Si tu veux te joindre à moi, rien d'autre n'est nécessaire. Sois juste complètement vide et silencieux. C'est le dhamma de ton maître. Et en fait, c'est le dhamma de tous les maîtres. Deviens un bambou creux afin que tu puisses être transformé en flûte et que des chants d'une immense beauté puissent passer à travers toi. Ce ne seront pas tes chants, ce seront les chants de l'existence.

Avant d'entrer dans la méditation d'aujourd'hui ... les bambous sont très silencieux et attendent vos rires.

Mes jardiniers m'ont dit qu'ils n'avaient jamais vu de bambous pousser aussi vite. Surtout le soir venu, ils se mettent tous à sauter en l'air. Ils sont participants, ils méditent avec vous. Ils ne peuvent rien dire, mais dire n'a pas d'importance. Ils comprennent certainement vos rires.

Bruno Meatball, un chauffeur de camion, essaie de changer un pneu crevé sur le bord de la route. Il frappe de toutes ses forces, jurant et jurant à chaque coup raté.

Le curé du village passe par là et décide de l'aider. Il s'assied aux côtés de Bruno et lui dit : "Je vais prier Dieu, tous les miracles sont possibles." Il donne ensuite à Bruno un petit cours sur la nécessité d'offrir une prière plutôt que des malédictions lorsqu'on est confronté à des problèmes.

Finalement, "The Meatball" dit qu'il est prêt à tout essayer, juste pour retirer le pneu de la roue. Alors ils s'agenouillent tous les deux à côté du camion et prient.

Quand Bruno retourne au travail, il donne un coup au pneu, et il saute presque tout seul.

Le prêtre regarde, stupéfait, et s'écrie : "Eh bien, je vais me faire baiser !"

M. et Mme Polite vivent dans une belle grande maison à Propertown, aux États-Unis. Et ils sont vraiment polis. Quand Mme Polite apporte son dîner à M. Polite, il dit : "Merci beaucoup, chérie."

Et Mme Politesse dit, "Oh, tu es vraiment le bienvenu, mon coeur. En fait, je devrais te remercier d'être un mari si agréable à servir."

Alors M. Politesse dit : "Non, je devrais doublement vous remercier d'être une si charmante épouse ....". Et ainsi de suite.

Quoi qu'il en soit, ils sont tous si polis qu'un soir, M. Politesse voit un homme d'âge moyen seul, debout sous la pluie. Poliment, il invite l'étranger dans la maison pour un bon et copieux repas. Deux heures plus tard, M. Polite tombe sur l'étranger qui fait l'amour dans le couloir avec leur charmante fille, Pussy Polite.

En voyant cela, M. Politesse dit, très poliment : "Chatte, ma chère, où sont tes manières ? Cambre le dos et aide le monsieur à retirer ses couilles de ce sol de marbre froid !"

Après de nombreuses tentatives, Gilbert Goldditch parvient enfin à convaincre Gorgeous Gloria de l'accompagner dans son appartement. Après quelques verres, Gilbert met de la musique douce et ils s'installent sur le canapé.

Quelques minutes plus tard, Gloria dit : "Tu sais, Gilbert, tu es le premier homme que je rencontre dont les baisers me font me redresser et ouvrir les yeux."

"Vraiment ?" dit Gilbert, heureux.

"Oui", répond Gloria. "En général, ils ont l'effet inverse !"

Mikhaïl Gorbatchev se lève le matin et sort sur son balcon pour prendre l'air. Le soleil se lève. "Bonjour, soleil rouge !" s'exclame-t-il.

"Longue vie à Mikhail Gorbachev !" répond le soleil.

Très heureux de cela, Gorbatchev vaque à ses occupations. Après une matinée bien remplie, il sort à nouveau sur son balcon et voit le soleil à son apogée.

"Bon après-midi, soleil !", crie-t-il.

"Vive le camarade Gorbatchev, secrétaire général du parti communiste de l'Union soviétique !" répond le soleil.

Très satisfait, Gorbatchev retourne à son travail.

Ce soir-là, après une dure journée, il sort à nouveau sur son balcon préféré. Il voit le soleil se coucher, et s'écrie en souriant : "Bonsoir, mon petit soleil !"

"Je suis à l'Ouest maintenant", répond le soleil, "alors va te faire foutre !"

Maintenant, Nivedano, donne le rythme...
(Battement de tambour)
(Gibberish)
Nivedano ...
(Battement de tambour)
Soyez silencieux.
Fermez les yeux.
Sentez que votre corps est gelé,
et juste aller dedans ... plus profond et plus profond.
Au plus profond se trouve votre moi immortel.
n'ayez pas peur de l'inconnu,
se précipitent vers le centre comme une flèche.
Ne vous arrêtez pas à la périphérie,
car seulement au centre,
où rien ne bouge,
tu es un bouddha.
Pour être plus clair, Nivedano

(Battement de tambour)
Détendez-vous,
Laissez-vous aller, oubliez le corps,
oublier l'esprit,
souviens-toi juste que tu es
une conscience pure, juste une conscience.
Et sans faire un seul pas n'importe où
vous êtes arrivés chez vous.
Nivedano ...
(Battement de tambour)
Reviens,
mais reviennent comme des bouddhas
et s'asseoir quelques instants ...
se souvenir, se réjouir, établir un contact ...
que dans chacune de vos activités
cette conscience
sera toujours comme un courant sous-jacent.
Une fois que cette expérience de bouddhisme
devient une expérience solide,
elle s'exprime dans toutes vos activités -
dans vos mots, dans vos silences,
dans vos jours, dans vos nuits.
Il devient votre compagnon permanent.
En fin de compte,
vous méritez la disparition définitive
et seul le Bouddha reste.
Une conscience pure
est le plus beau lotus
qui n'a jamais fleuri.
Ok, Maneesha ?
Oui, Maître bien-aimé.
Peut-on célébrer les dix mille bouddhas ?

Oui, Maître bien-aimé.

La lune ne brise jamais l'eau

NOTRE MAÎTRE BIEN-AIMÉ, DOGEN A ÉCRIT :

LORSQUE NOUS ATTEIGNONS L'ILLUMINATION, C'EST COMME LA LUNE QUI SE REFLÈTE SUR L'EAU. LA LUNE NE SERA PAS MOUILLÉE, ET L'EAU NE SERA PAS BRISÉE. LA LUNE ENTIÈRE ET LE CIEL ENTIER SE REFLÈTENT TOUS DEUX DANS UNE GOUTTE DE ROSÉE SUR L'HERBE, OU DANS UNE GOUTTE D'EAU.

COMME LA LUNE NE BRISE JAMAIS L'EAU, L'ILLUMINATION NE DÉTRUIT JAMAIS L'HOMME. DE MÊME QUE LA GOUTTE DE ROSÉE NE FAIT JAMAIS OBSTACLE AU REFLET DE LA LUNE, DE MÊME UN HOMME NE FAIT JAMAIS OBSTACLE À LA VENUE DE L'ILLUMINATION. PLUS LA LUNE SE REFLÈTE DANS L'EAU, PLUS ELLE EST HAUTE. NOUS DEVRIONS RÉALISER QUE LE LONG ET LE COURT DU TEMPS NE FONT QU'UN AVEC LE GRAND ET LE PETIT DE L'EAU, ET LE LARGE ET L'ÉTROIT DE LA LUNE.

Maneesha, Dogen soulève un point très spécifique. Il mérite une attention et une préoccupation absolues, car il dit que personne ne fait obstacle à votre illumination. Alors pourquoi n'êtes-vous pas éclairé ?

Personne dans toute l'existence n'est intéressé à devenir un obstacle pour vous. C'est quelque chose de très important qui doit être compris.

Au fur et à mesure que nous avançons dans le sutra, je voudrais que vous compreniez clairement ce qui fait obstacle. Il est certain que vous n'y faites pas obstacle. Et l'existence l'aime, s'en réjouit. L'univers entier danse dans l'illumination de chaque homme. Une partie de celui-ci, qui avait tâtonné dans l'obscurité, est revenue à la maison dans toute sa gloire. L'existence entière le reçoit avec une pluie de fleurs. Il n'est donc pas question d'une quelconque obstruction de l'existence. Et il n'est pas question de vous-même. Alors qui fait obstruction ?

Il y a certainement des obstructions, sinon il n'y aurait pas besoin de devenir éclairé - vous le seriez déjà. Il n'y aurait pas besoin qu'un maître vous le dise. C'est un peu compliqué, mais pas au point de ne pas pouvoir le comprendre et le surmonter. Dogen dit :

QUAND NOUS ATTEIGNONS L'ILLUMINATION, C'EST COMME LA LUNE QUI SE REFLÈTE SUR L'EAU...

Si paisible, si silencieux. La lune se reflète sur la surface de l'eau. En fait, il ne se passe rien.

La lune est à sa place, elle n'a pas bougé d'un pouce vers l'eau, et l'eau n'est pas non plus perturbée, même un tout petit peu.

Mais dans un lac silencieux, le reflet de la lune devient encore plus beau que la lune elle-même, car le lac lui ajoute aussi une certaine beauté. Il la rend plus vivante et plus fragile.

L'ÉCLAIRCISSEMENT - selon Dogen, et je suis absolument d'accord avec lui - EST COMME LA LUNE QUI SE RÉFLÈTE SUR L'EAU. Il n'y a aucun effort à faire de la part de l'eau pour que la lune se reflète. Il n'y a aucun commandement à suivre, aucune doctrine à pratiquer, aucune posture de yoga... pour que la lune puisse se refléter dans l'eau. Il n'y a pas même un désir, pas même une envie... pas même une faible envie. La situation est la même pour la lune - la lune n'a aucun désir de se refléter. Tous deux sont sans désir, mais la réflexion se produit d'elle-même. Il en va de même pour l'illumination. Juste dans une conscience silencieuse et paisible, elle reflète soudainement votre bouddhéité.

Mais le lac doit être silencieux. S'il y a trop de rides ou trop de vagues sur le lac, le reflet sera brisé. Le reflet peut être brisé en plusieurs parties et vous ne pourrez pas voir la lune, mais seulement une ligne argentée répartie sur tout le lac. Ce ne sera pas un vrai reflet, il ne sera pas représentatif de la lune. Le lac, lorsqu'il est silencieux et immobile, ne fait rien ... pas même de vagues ...

et la lune s'y reflète.

Votre conscience a sa propre façon de faire des vagues, des ondulations. Quelles sont vos pensées, si ce n'est des ondulations sur un lac ? Que sont vos émotions, vos humeurs, vos sentiments ? Qu'est-ce que votre esprit tout entier ? - Juste une agitation. Et à cause de cette agitation, vous ne pouvez pas voir votre propre nature. Vous continuez à vous manquer. Vous rencontrez tout le monde dans le monde et vous ne vous rencontrez jamais vous-même.

LA LUNE NE SERA PAS MOUILLÉE ...

Évidemment, il n'est pas question que la lune se mouille puisqu'elle se reflète dans le lac. ...

L'EAU N'EST PAS BRISÉE non plus - par la lune.

La lune n'est pas comme une pierre qui a été jetée dans l'eau, elle n'est qu'un reflet. Lorsque vous vous tenez devant un miroir, vous ne le dérangez pas. Vous allez et venez ; le miroir reste exactement dans sa position, non perturbé.

LA LUMIÈRE DE LA LUNE, AUSSI VASTE SOIT-ELLE, SE REFLÈTE SUR UNE PETITE QUANTITÉ D'EAU.

LA LUNE ENTIÈRE ET LE CIEL ENTIER SE REFLÈTENT TOUS DEUX DANS UNE GOUTTE DE ROSÉE, SUR L'HERBE, OU DANS UNE GOUTTE D'EAU.

COMME LA LUNE NE BRISE JAMAIS L'EAU, L'ILLUMINATION NE DÉTRUIT JAMAIS L'HOMME.

C'est une très grande déclaration. Elle ne détruit pas l'homme, mais elle détruit l'ombre de l'homme, à laquelle vous êtes identifié. Elle enlève tout ce qui est faux et ne laisse derrière elle que le vrai, l'authentique, l'honnête.

COMME LA GOUTTE DE ROSÉE N'EMPÊCHE JAMAIS LA RÉFLEXION DE LA LUNE, L'HOMME N'EMPÊCHE JAMAIS LA VENUE DE L'ILLUMINATION. PLUS LA LUNE SE REFLÈTE PROFONDÉMENT DANS L'EAU, PLUS LA LUNE EST ÉLEVÉE. NOUS DEVRIONS RÉALISER QUE LE LONG ET LE COURT DU TEMPS NE FONT QU'UN AVEC LE GRAND ET LE PETIT DE L'EAU, ET LE LARGE ET L'ÉTROIT DE LA LUNE.

Quelle est votre ombre qui fait obstacle à votre réalité ? Votre ombre doit être parfaitement comprise : il s'agit de votre personnalité. C'est ce qu'on vous a proposé d'être, c'est ce que vous avez été élevé à être. Ce sont toutes les voix de vos mères et de vos pères, de vos professeurs. Elles font votre personnalité ; elles créent une pseudo-identité autour de vous. Votre savoir ... personne n'a jamais demandé s'il était le vôtre.

J'ai été expulsé de nombreux collèges. Les directeurs me convoquaient et me disaient : "Vous ne pouvez pas harceler mon professeur."

J'ai dit : "Votre professeur a fait des déclarations, et je lui ai simplement demandé : "Est-ce votre propre expérience ?". Est-ce que vous appelez cela du harcèlement ? Voulez-vous m'expulser, ou devez-vous expulser un homme qui enseigne quelque chose qui n'est pas sa propre expérience ?" Je disais aux directeurs : "Appelez ce professeur qui a fait un rapport contre moi. Il doit me confronter.

Je ne me soucie pas d'un examen ou d'un diplôme, et je ne me soucie pas de votre université. Mais les choses doivent être remises en ordre."

Même les directeurs d'école me disaient : "Vous avez raison, mais vous ne comprenez pas notre problème. Nous sommes tous porteurs de connaissances empruntées. Nous ne savons pas exactement quelle est la vérité, mais nous en parlons. Vous êtes une nuisance. Personne d'autre ne pose de telles questions. Ce professeur - qui a même menacé de démissionner si vous n'étiez pas immédiatement expulsé du collège

- est un homme âgé, très expérimenté. Il est presque à la retraite, et il n'a jamais été violent ou en colère. Il n'y a rien eu contre lui pendant ses vingt ans de service dans le collège. Et soudain, vous l'avez rendu presque fou. Il n'est pas venu pendant trois jours, il a fermé ses portes, il ne veut parler à personne du collège, il ne répond pas au téléphone. Il a simplement écrit une note : "Si vous n'expulsez pas cet étudiant, je ne viendrai pas au collège".

J'ai dit : "Il n'y a pas de problème. Vous pouvez expulser tout votre collège, vous ne devez pas vous inquiéter pour cela.

Mais je suivrai cet homme, université ou pas. Je connais sa maison. Je ne suis peut-être pas étudiant dans votre université, mais ça ne veut pas dire... Où va-t-il vivre ? Je vais frapper à sa porte. Soit il doit reconnaître que son savoir est emprunté, soit il doit parler honnêtement de son expérience.

Je veux simplement le provoquer."

J'ai été surpris de savoir que de grands professeurs ... parce que j'ai été dans de nombreux collèges, c'était une grande opportunité. En général, on se retrouve dans un seul collège. J'ai été renvoyé d'un collège à un autre, puis d'une université à une autre. La deuxième université m'a accepté à la condition que je ne dérange pas les professeurs.

J'ai dit : "Quel genre de pauvreté est-ce là ? Si vous ne connaissez pas la réponse, vous pouvez simplement dire : "Je ne sais pas", mais cela blesse votre ego."

Ils m'ont demandé d'écrire qu'ils m'acceptent à la condition que je n'assiste à aucun cours. C'est étrange ! Je ne pense pas que cela soit arrivé à quelqu'un d'autre dans le monde entier. "Si je ne dois pas assister aux cours, pourquoi m'admettez-vous ? Et comment vais-je gérer mon pourcentage d'assiduité pour pouvoir me présenter à l'examen ?"

Le vice-chancelier a dit : "Je vais m'occuper de votre pourcentage. Vous êtes présent - cent pour cent ! C'est la promesse que je vous fais. Mais s'il vous plaît, n'allez à aucun cours, car j'ai tellement entendu parler de vous par d'autres professeurs, des directeurs d'école. L'autre vice-chancelier qui vous a expulsé m'a téléphoné : "Méfiez-vous de ce garçon". Je vous accepte parce que je vois bien que vous n'avez pas tort ; c'est tout notre système qui a tort. Votre seul défaut est de pointer du doigt notre blessure. Je peux te comprendre, c'est pourquoi je t'accepte.

"Mais les professeurs ne seront pas en mesure de comprendre. Vous êtes si précis en frappant au point le plus faible que ces professeurs ordinaires... après tout, ils ne travaillent que pour l'argent ; il n'est pas question de vérité, de bien ou de beauté. Ils ne se préoccupent pas de ces choses ; ils se préoccupent de leurs salaires, ils se préoccupent de leur position. C'est de la politique : le maître de conférence veut être lecteur, le lecteur veut être professeur, le professeur veut être chef de département, le chef de département veut être doyen de la faculté, le doyen veut être vice-chancelier - personne ne s'intéresse à ce que vous demandez. Votre présence a donc créé une peur."

J'ai dû accepter cela, mais alors que je signais l'accord et qu'il signait mon admission, je lui ai dit : "Je peux au moins rencontrer les professeurs sur la route, je peux frapper à leur porte. La promesse ne concerne que les cours. Je peux aller à la bibliothèque - ces choses ne sont pas incluses."

Il a dit : "C'est difficile."

Et j'avais l'habitude de faire ça - frapper à la porte des professeurs. Et ils disaient : "Laissez-nous en paix.

Nous sommes fatigués. Les questions que vous posez sont sans réponse. Nous ne savons pas, nous ne sommes pas des chercheurs, nous sommes juste des éducateurs. Nous avons appris des autres qui ont appris des autres. Nous ne savons pas ce que nous enseignons, si c'est vrai ou si nous ne faisons que répéter des superstitions". J'en prenais connaissance à la bibliothèque.

Et le vice-chancelier m'a dit : "Écoutez, vous arrêtez les professeurs sur la route lorsqu'ils se rendent à leurs cours, et vous leur demandez : "Veuillez répondre à cette question avant d'entrer dans la classe, car je ne peux pas entrer dans la classe. Cela ne fait pas partie de notre accord, je ne peux donc pas insister sur ce point, mais ne harcelez pas."

J'ai dit : "Mais je peux me tenir à l'extérieur de la classe et, de la fenêtre, je crierai la question. Il est donc préférable que nous réglions cela ici. Je n'entrerai jamais dans la classe, mais le reste ne fait pas partie de l'accord."

Le vice-chancelier avait oublié que chaque classe avait une fenêtre. "Je peux rester dehors, à l'air frais, plutôt que dans l'air pourri de l'intérieur, et je peux demander tout ce que je veux.

"Et vous devez bien comprendre que si je pose une question et que le professeur n'y répond pas, alors toute la classe posera la même question. Ce que vous demandez ne fait pas partie de l'accord."

J'avais l'habitude de distribuer ma question à toute la classe : "S'il ne me répond pas, un par un vous vous levez et vous posez la question ... jusqu'à ce qu'il ait fini !".

Mais qui empêche toutes ces personnes bien informées de voir que leur connaissance même est une barrière ?

Dogen a raison de dire que l'illumination est votre être naturel, aussi naturel que la lune se reflétant sur le lac silencieux. Aucun effort de la part de qui que ce soit, aucun désir de la part de qui que ce soit... c'est un événement. Mais on ne vous a pas laissé un lac propre et silencieux. Tant de déchets - au nom de la religion, au nom de la politique, au nom de la société - vous ont été imposés : c'est ce qui fait la barrière. Et la pauvre lune ne peut pas se refléter sur vous. Vous devez détruire tout ce mur qui vous empêche de voir les choses telles qu'elles sont - et non telles qu'on vous les a dites. Vous devez vous débarrasser de toute l'idéologie qui a été implantée en vous, de tout votre conditionnement.

J'ai vu des gens très intelligents se comporter de manière aussi superstitieuse - c'est incroyable. Il y a des pays où le chiffre treize est considéré comme un chiffre dangereux. Peut-être que quelqu'un est mort ou s'est suicidé le treize il y a quelque temps ; peut-être que quelqu'un a sauté du treizième étage d'un hôtel, et maintenant les gens sont certains que cela porte malheur. Il y a des hôtels qui n'ont pas de chambre numérotée treize ; après douze, elle passe à quatorze. Ils n'ont pas de treizième étage ; après le douzième vient le quatorzième. C'est la treizième, mais l'hôtel ne la reconnaît pas comme étant la treizième.

Les gens ne se marient pas le treizième jour, de peur que la vie ne soit une misère ; et ils ne regardent pas autour d'eux pour voir que, que vous vous mariez le treizième, le quatorzième ou le quinzième jour, le mariage sera une misère. ne blâmez pas les dates, et ne blâmez pas les jours. Le mariage lui-même est un désir d'être misérable, un désir profond... un partenariat dans la misère.

"Tu es si belle" signifie, "Tu as l'air si misérable. Je suis aussi très malheureuse... soyons ensemble".

- comme si en étant ensemble la misère allait disparaître. Mais elle ne disparaîtra pas, elle ne sera pas seulement doublée, elle sera augmentée de beaucoup plus que le double.

Le monde entier le sait, mais nous continuons notre conditionnement. Si vous n'êtes pas marié, toutes les personnes mariées que vous connaissez sont désolées pour vous : "Pauvre gars, il est resté célibataire ; il ne connaît pas le bonheur de la misère."

Quand je suis revenu de l'université, mes parents se sont naturellement inquiétés de savoir si je devais me marier. Mais ils avaient peur de me le demander car ils savaient que si je disais non, c'était pour toujours. Alors il n'y a aucun moyen de me forcer à dire oui. Ils savaient parfaitement qu'il était absolument improbable que je dise oui. Alors comment demander ? C'était leur problème.

Je leur ai dit : "On dirait que tout le monde veut me demander quelque chose, et je suis prêt. Alors pourquoi vous ne le demandez pas ? Vous chuchotez entre vous."

Finalement, mon père a trouvé un ami, un avocat de la Cour Suprême, un homme très performant dans sa profession.

Il lui a demandé : "Nous ne sommes même pas en mesure de demander. Maintenant, vous devez faire quelque chose."

Il a dit : "Ne vous inquiétez pas. Tout le pays sait que lorsque je prends une affaire en main..."

Mon père a dit : "Ce n'est pas la Cour suprême, et ce n'est pas une affaire ordinaire. Je vous préviens - si vous avez des problèmes, je ne serai pas responsable."

Il a dit : "Quel problème ? Je viens ce week-end et je parlerai à votre fils, et je m'en occuperai. C'est une question d'argumentation."

Mon père a dit : "Tu ne le connais pas, mais viens. Nous allons tous en profiter."

Donc tout le monde était prêt. Il est arrivé. J'ai touché ses pieds, car c'était l'ami de mon père, et j'ai été aussi respectueux que d'habitude. Je lui ai dit : "Avant que le débat ne commence..."

Il a dit : "Quel débat ?"

J'ai dit : "Vous le savez, je le sais, et toutes les autres personnes présentes ici le savent. Mais avant de commencer, je veux que vous répondiez honnêtement à une question : Etes-vous satisfait de votre mariage ? J'ai informé votre femme, et si vous dites quelque chose de mal ... elle est juste assise dans l'autre pièce."

Il a dit : "Quoi ? Elle est ici ? Mon Dieu, je ne veux pas être mêlé à cette affaire."

J'ai dit : "Elle n'a même pas commencé."

Il a dit : "Je ne veux pas prendre l'affaire."

J'ai dit : "Ce n'est pas la cour. Vous êtes venu avec une poitrine si large, et maintenant vous êtes soudainement devenu un rat. Je vais devoir me laver les mains... J'ai touché tes pieds."

Ce n'était qu'une fiction, je n'avais pas demandé à sa femme. Mais je savais qu'elle avait l'habitude de le battre.

Il a dit : "Ton père m'a demandé."

J'ai dit : "Je suis parfaitement prêt. Si tu arrives à me convaincre que le mariage est la bonne façon de vivre, je me marierai. Mais si tu ne parviens pas à me convaincre, tu devras divorcer."

Il a dit : "Mon Dieu, votre père avait raison de dire que ce serait un cas difficile. Je me retire tout simplement ! Je ne veux pas dire un seul mot. Laissez-moi réfléchir. La semaine prochaine, je viendrai."

Il n'est jamais venu. Mais chaque semaine, je me rendais chez lui et sa femme me demandait : "Qu'est-ce qui se passe ? Chaque fois que vous venez, il se cache dans la salle de bains. Je frappe à la porte de la salle de bains et il me dit : "Non, je ne peux pas sortir maintenant. Dis-lui de me laisser tranquille. J'ai tellement peur de lui que je ne peux pas aller au marché, car - qui sait ? - il pourrait m'arrêter dans la rue et lancer le débat. Et je ne peux pas me permettre..."

Alors la femme m'a dit : "Mais qu'est-ce qui se passe ? Pourquoi a-t-il si peur ?"

J'ai crié à l'avocat : "Sortez, ou je le dis à votre femme."

Il est sorti immédiatement. Il a dit : "Pardonnez-moi. Pour l'amour de Dieu, laissez tomber l'affaire. Je ne mentionnerai jamais le sujet à vous ou à quiconque..."

La femme dit : "Mais pourquoi as-tu si peur ? Tu transpires et il y a l'air conditionné. Tu te caches et tu me dis de mentir en disant que tu n'es pas à la maison. Et lui, il est tellement têtu qu'il continue à venir."

J'ai dit : "Voilà le problème, tu dois être le juge. Cet homme, votre mari, veut que je me marie. Quel est ton avis ?"

Elle a dit : "Marié ? Si tu veux être malheureux, marie-toi. Regarde juste cet homme. Je l'ai réformé depuis le jour de notre mariage. Je l'ai presque achevé. Il se bat à la cour suprême comme un lion, et dans la maison, il n'est qu'un chien errant. Même les enfants le comprennent. Même les enfants le font chanter : "Tu nous donnes cinq roupies, sinon on le dit à maman. Et il ne peut même pas demander ce qu'ils vont dire ; mais il suffit qu'il ait parlé si gentiment à la femme du voisin. "

Parce qu'alors la femme serait vraiment dangereuse, elle le battrait. Maintenant, le pauvre homme est mort.

J'ai dit à mes parents et à ma famille : "n'amenez pas d'autres personnes inutilement, car je suis fondamentalement contre le mariage.

Il n'est pas question que je me marie, c'est quelque chose de fondamental pour moi que le mariage est une mauvaise conception."

Deux personnes peuvent être amoureuses et vivre ensemble et au moment où leur amour disparaît - comme tout disparaît dans ce monde - elles doivent partir avec de la gratitude l'une envers l'autre, avec de l'amitié, avec des souvenirs agréables des jours passés. Le mariage est absolument contre nature. C'est pourquoi on ne voit pas d'animaux dans les hôpitaux psychiatriques. On ne les voit pas allongés sur le divan du psychanalyste, ils ne deviennent pas fous.

L'homme s'est vu imposer tellement de couches sur tout ; il pense que toutes ces pensées sont les siennes. En tant que chercheur, vous devez faire très soigneusement la distinction entre ce qui vous appartient et ce qui vous a été donné. Et au moment où vous commencerez à faire le tri, vous serez stupéfait de savoir que vous n'avez rien en propre. Vous n'êtes qu'un lac silencieux. Et c'est dans ce lac silencieux que naît la bouddhéité.

Votre nature est, dans sa pureté, dans sa splendeur, dans sa béatitude.

Et personne n'essaie de vous empêcher de devenir éveillé. Ces gens - ces enseignants, ces parents - n'étaient pas conscients ; ils étaient comme inconscients ..... Ils étaient également victimes de leurs parents, de leurs enseignants, de leurs rabbins et de leurs pundits, de leurs shankaracharyas et de leurs papes. Ils étaient des victimes, et ils vous ont donné en héritage toute leur souffrance et toute leur misère. Maintenant, vous devez mettre tout ce fardeau de côté. La bouddhéité est votre moi naturel. Mettez simplement de côté tout ce qui ne surgit pas en vous, qui ne fleurit pas en vous.

D'une certaine manière, au début, vous vous sentirez pauvres. Toutes vos connaissances ont disparu, toutes vos superstitions ont disparu, vos religions ont disparu, vos idéologies politiques ont disparu - vous vous sentirez très pauvres. Mais cette pauvreté a une valeur énorme, car c'est seulement dans cette pauvreté que naissent votre richesse naturelle, vos fleurs naturelles, vos extases naturelles. L'homme naturel n'est pas détruit par l'illumination. Mais vous n'êtes pas naturels, vous êtes pollués.

Et tout le monde nuit à tout le monde en créant ces conditions. Dans une société meilleure, les enfants n'apprendront aucune religion, aucune politique. On leur apprendra à penser, à douter, mais pas à croire. On leur apprendra à être plus intelligents, à être plus réfléchis. Et le monde entier sera rempli de personnes éclairées.

L'illumination est juste votre naturel. C'est la grande contribution du Zen. Toutes les autres religions sont des systèmes de croyance, le Zen ne l'est pas. Toutes les autres religions vous demanderont de croire en Dieu, au paradis, à l'enfer. Toutes les autres religions ont mille et une croyances. Le Zen n'a pas de système de croyance. Tout son effort consiste à découvrir votre moi naturel, qui est couvert de la poussière de toutes sortes de bonnes intentions, de belles pensées, de grandes croyances. Toute cette poussière doit être nettoyée. Et ensuite, vous êtes laissé seul dans votre naturel.

Un haïku de Hoitsu :
BUDDHA :
FLEURS DE CERISIER
À LA LUMIÈRE DE LA LUNE.
C'est si simple. Si belle.
BUDDHA :
FLEURS DE CERISIER
À LA LUMIÈRE DE LA LUNE.
Ryota a écrit :
SI BRILLANT UN MOONSHINE :
SI JAMAIS JE NAIS À NOUVEAU -
UN PIN DE LA COLLINE !
Il demande que s'il doit naître à nouveau, il aimerait être un pin de montagne. Une si belle lune, suspendue au-dessus du pin de la colline...

Ces personnes ne sont pas des poètes ordinaires. Ils expriment un désir authentique d'être naturel, paisible, silencieux... Un pin de montagne ! ... parce que l'homme semble être si fou.

Un autre poète zen :

À SA RECHERCHE
A PRIS MA FORCE
UNE NUIT, JE ME SUIS PENCHÉ
MON DOIGT POINTÉ -
JAMAIS UNE TELLE LUNE !

Ces gens sont des poètes naturels. Ils ont abandonné toutes les idéologies. Ils ont commencé à avoir des relations avec les pins, les nuages et les éclairs, avec les collines, les rivières et l'océan. Ils ont abandonné le monde humain qui est absolument faux et ils ont retrouvé leurs racines dans la nature.

C'est, à mon sens, la seule religion au monde qui mérite d'être appelée religion. Toutes les autres religions ne sont que des exploitations de l'homme et de sa recherche de lui-même. Elles sont des déviations, des distractions. Elles vous éloignent de vous-même, elles ne vous ramènent pas chez vous.

Question 1 :

Maneesha a demandé :

NOTRE MAÎTRE BIEN-AIMÉ,

DOGEN SEMBLE DIRE QUE PLUS L'ILLUMINATION TOUCHE PROFONDÉMENT L'ÊTRE, PLUS ELLE EST PUISSANTE. EST-IL VRAI QU'IL N'EXISTE PAS DE DEGRÉS D'ILLUMINATION - QUE L'ON SOIT ILLUMINÉ OU NON - MAIS QUE L'ILLUMINATION, COMME LE VIN, DEVIENT DE PLUS EN PLUS MÛRE ?

Maneesha, votre compréhension est juste. Il n'y a pas de degrés d'illumination - soit vous êtes illuminé, soit vous ne l'êtes pas. Mais il est certain que lorsque l'illumination s'approfondit, mûrit, atteint vos racines mêmes... C'est juste le bon symbole : comme le vin, plus il est vieux, meilleur il est.

Il y a des collectionneurs de vin ... Vous pouvez trouver du vin de cinquante ans, du vin de cent ans - ce sont tous des vins. Le vin frais qui vient de sortir du jardin est aussi du vin. Mais un vin centenaire a atteint une certaine qualité d'intensité, une densité, qui fait défaut aux nouveaux arrivants. Il y a des experts dans le monde qui peuvent dire exactement, juste en prenant une gorgée, quel est l'âge du vin.

Il arriva dans un pub qu'un homme dit au barman : "Voici cent dollars. Si vous êtes prêt à parier avec moi, je goûterai le vin que vous voudrez et je vous dirai son année exacte." C'était incroyable, car la dégustation du vin est un art très fin. L'offre a été acceptée. Chaque fois qu'il dira la bonne année de fabrication du vin, le barman lui versera cent dollars.

Il a continué à goûter et à raconter l'année exacte. C'était si étonnant que tous les buveurs et les ivrognes qui se trouvaient là, assis sur différents bancs, se sont rassemblés ; même ceux qui étaient complètement ivres se sont réveillés : "Que se passe-t-il ?" Et l'homme était étonnant.

Puis, soudain, un homme de l'arrière a dit : "Je veux aussi participer au concours parce que j'ai un vin. Si vous pouvez me dire..."

Il a donc apporté une tasse pleine. L'homme l'a goûtée, l'a recrachée et a dit : "Espèce d'idiot. C'est de l'urine humaine !"

Mais l'homme dit : " À qui ? Je sais que c'est de l'urine humaine, mais à qui ? Si vous ne pouvez pas me dire à qui elle appartient, vous n'êtes pas un grand dégustateur."

L'illumination n'a certes pas de grades, mais au fil du temps, elle s'approfondit, s'aiguise, mûrit, devient de plus en plus riche.

Avant d'entrer dans notre méditation quotidienne... Les bambous sont si silencieux, ils n'attendent que vos rires.

Et rappelez-vous une chose, quand vous riez, ne riez pas seulement par conformisme.

Deuxièmement, lorsque vous riez, riez totalement, sans aucune considération. Ne retenez rien.

Apprenez à rire avec Sardar Gurudayal Singh, qui est un boute-en-train en soi - une vraie blague. C'est le seul homme au monde que j'ai rencontré qui rit avant la blague. Il y a des gens qui rient au milieu de la blague parce qu'ils réalisent soudain ce qui va se passer. Mais dès le début, alors que je n'ai même pas commencé... c'est le véritable et authentique homme du rire. Et je sais... qu'il a ses disciples. C'est un vieux sannyasin très respecté. Les gens s'assoient autour de lui juste pour rire un bon coup.

Joe Speak-Easy, un avocat prospère, est marié à une femme qui le harcèle constamment. Elle le harcèle sur son apparence, sur sa consommation d'alcool, sur le peu d'amour qu'il lui porte, sur presque tout. Joe commence donc à rester plus tard au bureau pour l'éviter.

Un jour, après avoir défendu pendant des semaines un client appelé William Wright, jugé pour meurtre, Joe rentre chez lui très déprimé. Il a perdu le procès et Wright doit être exécuté le soir même, à moins que le gouverneur ne le gracie.

Lorsque Joe entre dans la maison, sa femme commence : "Où étais-tu ? Il est plus de dix heures."

"Ah, canasson, canasson, canasson", dit-il avec dégoût, et il va se servir un verre.

"Dès que tu rentres à la maison", dit sa femme, "tu commences à boire. Pas même un bonjour pour moi !"

"Ah, râle, râle, râle", soupire Joe. Puis il monte prendre un bain en disant à sa femme qu'il attend un coup de fil du gouverneur.

Alors qu'il est dans son bain, l'appel arrive - Wright a été gracié. La femme de Joe décide de lui annoncer la bonne nouvelle elle-même. Lorsqu'elle entre dans la salle de bains, Joe est debout, nu, penché au-dessus de la baignoire.

"Hey, Joe," dit sa femme. "Ils ne vont pas accrocher Wright ce soir."

Joe répond : "Ah, râleur, râleur, râleur !"

Le vieux Zeb, fermier de Virginie, baise l'un de ses porcs préférés depuis des années.

Tout à coup, Zeb est frappé par un sentiment de culpabilité et de conscience qui le torture tellement qu'il décide d'aller en parler au prêtre en confession. Le Père Fungus est choqué et ne sait vraiment pas comment gérer cette situation.

"Eh bien", dit le prêtre au vieux Zeb, "dites-moi, le cochon est-il mâle ou femelle ?"

"C'est une femme, bien sûr", grogne Zeb. "Tu me prends pour qui ? Un pervers ?"

Le pape le Polack est assis dans le train à côté de Ronald Reagan sur le chemin du retour à Washington de Killjews, Alabama. Le pape engage la conversation avec deux grands Noirs, Rufus et Leroy, dans le compartiment.

"Bonjour, monsieur", dit le pape. "Où allez-vous ?"

"D.C." dit Rufus.

"Qu'est-ce qu'il a dit ?" demande le président légèrement sourd.

"Il dit qu'ils vont à Washington, D.C. - tout comme nous", dit le pape. "Dites-moi," continue le Polack, "qu'est-ce qui vous amène jusqu'à Washington ?"

"Nous connaissons une nana vraiment farfelue là-haut", sourit Leroy.

"Qu'est-ce qu'il a dit ?" demande Ronnie, qui n'entend pas bien.

"Il dit qu'ils ont une petite amie là-haut", crie le pape au président. Puis se tournant vers les noirs, le pape le Polack dit : "Elle doit être une sacrée fille pour que vous fassiez tout ce chemin pour la voir".

"Mec, je dirais", sourit Rufus.

"Bien sûr", dit Leroy. "C'est une vraie salope cool. Elle porte des bottes noires avec des éperons, porte un fouet et s'adonne à tous les plaisirs connus de l'homme !"

"Qu'est-ce qu'il a dit ?" crie le président sourd.

Pope le Polack se tourne vers Ronnie et crie : "Il dit qu'ils connaissent Nancy !"

Maintenant... Nivedano ...

(Battement de tambour)

(Gibberish)

Nivedano ...

(Battement de tambour)

Soyez silencieux ... fermez les yeux ...

aucun mouvement du corps.

Rassemblez votre conscience vers l'intérieur.

Plus profond... et plus profond...

comme une flèche qui coupe toutes les couches d'ordures.

Entrez dans votre centre.

En ce moment de silence,

dans ce moment d'innocence,

tu n'es plus ton ombre.

Vous êtes vous-même.

Cette façon d'être soi-même s'appelle

"le lever de la lune,"

ou "l'apparition du Bouddha".

Chacun, dans sa nature, est le bouddha ...

l'illuminé, l'éveillé.

Chaque homme n'est qu'une graine...

il doit seulement trouver le bon sol

dans lequel il peut disparaître, disperser sa personnalité,

son savoir, son esprit ...

Et soudain, la lune

se reflète dans le lac.

Et soudain, le pin au sommet de la colline

en touchant la lune.

Et soudain, sorti de nulle part

soulève votre bouddhisme.

Souviens-toi de ça - vingt-quatre heures -
pas comme une pensée,
mais comme un chagrin d'amour,
pour qu'il devienne un courant sous-jacent.
Quoi que vous fassiez
devient différent parce que vous êtes différent.
Votre toucher a une grâce maintenant ;
votre sourire a une sincérité ;
vos yeux ne sont plus que des lacs silencieux.
Votre action reflète votre cœur,
ton être, ta joie, ta danse.
Il n'y a pas d'autre dieu.
Il n'y a pas d'autre temple.
Sauf toi, qui t'es réveillé dans toute ta gloire,
à votre pleine splendeur -
il n'y a pas de religion.
Pour rendre ce point plus clair, Nivedano ...
(Battement de tambour)
Relaxe... laisse-toi aller...
mourir...
au corps, à l'esprit,
à tout ce qui est de ce monde.
Ce qui reste est juste un ciel pur,
complètement béat, immensément extatique.
C'est votre langue oubliée.
Seulement ce genre de silence,
un approfondissement de soi,
peut vous connecter à l'existence.
Et être connecté avec l'existence,
la vie entière devient un festival,
une cérémonie.
Pas seulement la vie,

mais aussi la mort, car il n'y a pas de mort.
Il n'y a que la vie
et la vie et la vie,
et des pics plus hauts et des vallées plus profondes.
De l'existence sans commencement à l'existence sans fin,
vous êtes écarté.
Tout est en quelque sorte en vous.
Le soleil se lève en toi
et la lune est suspendue en toi,
et les étoiles font partie de votre ciel intérieur.
Rappelez-vous que le ciel intérieur
est plus vaste que l'extérieur.
Heureux ceux qui
qui ont goûté à ce jus intérieur
de l'existence pure.
Nivedano ...
(Battement de tambour)
Revenez...
mais ne laissez pas l'expérience derrière vous.
Asseyez-vous et recueillez l'expérience -
la joie qu'elle procure, la bénédiction qu'elle procure.
Et n'oubliez pas de ne pas oublier.
Il faut que cela devienne une respiration constante,
un battement de cœur.
Ce n'est qu'alors que vous vous sentirez épanoui.
Ce n'est qu'alors que vous sentirez que vous n'êtes pas dépourvu de
sens.
Ce n'est qu'alors que votre vie est une grandeur.
Cette grandeur est déjà là,
il faut juste le découvrir.
Juste quelques couches de poussière -
les retirer.

Nous méditons tous les soirs
simplement pour que vous continuiez à approfondir
de plus en plus,
de sorte que le vin devient de plus en plus vieux.
Pour que votre bouddhisme
devient une certitude absolue.
Ce n'est pas un argument,
c'est une expérience.
Ok, Maneesha ?
Oui, Maître bien-aimé.
Peut-on célébrer les dix mille bouddhas et leur rassemblement ici ?
Oui, Maître bien-aimé.

Le ciel n'est pas rayé par le nuage.

NOTRE MAÎTRE BIEN-AIMÉ,

DOGEN SAID,

LE BOUDDHA A DIT, SI VOUS VOULEZ COMPRENDRE LA VRAIE SIGNIFICATION DE LA NATURE DU BOUDDHA, VOUS DEVEZ COMPRENDRE CORRECTEMENT SES MANIFESTATIONS MOMENTANÉES.

AU MOMENT OPPORTUN, LA NATURE DE BOUDDHA SE MANIFESTERA.

DOGEN A POURSUIVI :

DE NOMBREUX MOINES, ANCIENS ET ACTUELS, ONT CRU QUE L'EXPRESSION "AU MOMENT OPPORTUN"... SIGNIFIE ATTENDRE QUE LA NATURE DE BOUDDHA SE MANIFESTE DANS LE FUTUR. ILS PENSENT QUE S'ILS CONTINUENT À S'ENTRAÎNER DANS LA VOIE, LA NATURE DE BOUDDHA SE MANIFESTERA NATURELLEMENT AU BON MOMENT. JUSQU'À CE QUE CE MOMENT ARRIVE, ILS CONCLUENT À TORT QUE LA NATURE DE BOUDDHA NE SE MANIFESTERA PAS, MÊME S'ILS VISITENT UN MAÎTRE À LA RECHERCHE DU DHARMA OU S'ENTRAÎNENT DILIGEMMENT.

SUR LA BASE DE CETTE CONCLUSION ERRONÉE, ILS RETOURNENT INUTILEMENT DANS LE MONDE ORDINAIRE ET ATTENDENT VAINEMENT QUE LE BON MOMENT ARRIVE.

LES MOTS "QUAND LE BON MOMENT SERA VENU" SIGNIFIENT QUE LE BON MOMENT EST DÉJÀ ARRIVÉ. IL NE PEUT Y AVOIR AUCUN DOUTE À CE SUJET. MÊME SI DES DOUTES APPARAISSENT, ILS NE SONT RIEN D'AUTRE QUE LA MANIFESTATION DE LA NATURE DE BOUDDHA EN NOUS-MÊMES.

"LE BON MOMENT" SIGNIFIE QUE NOUS DEVONS TIRER LE MEILLEUR PARTI DE CHAQUE JOUR.

SI LE BON MOMENT ÉTAIT QUELQUE CHOSE QUI VENAIT, LA NATURE DE BOUDDHA NE VIENDRAIT PAS.

C'EST PARCE QUE LE BON MOMENT EST DÉJÀ ARRIVÉ ; LA NATURE DE BOUDDHA S'EST DÉJÀ MANIFESTÉE. CE FAIT EST TOUT À FAIT CLAIR, CAR IL N'Y A JAMAIS EU DE BON MOMENT QUI NE SOIT PAS VENU, NI DE NATURE DE BOUDDHA QUI NE SE SOIT PAS MANIFESTÉE.

Maneesha, l'homme est par naissance un bouddha - chaque homme, bon ou mauvais, juste ou faux, pécheur ou saint, cela n'a pas d'importance. En ce qui concerne l'état de bouddha, il n'est pas affecté par ce que vous faites, par votre comportement. Parce que c'est le cas, le problème se pose : si tout le monde est un bouddha, alors pourquoi cet effort et cette tentative, cette recherche et cette quête de la bouddhéité ?

Cette question a été posée non seulement à Dogen, mais aussi à Gautam Bouddha lui-même, qui n'est qu'un seul bouddha dans la longue lignée des bouddhas qui sont passés avant lui et après lui, mais peut-être le plus éminent, peut-être le plus reconnu. Pour satisfaire le questionneur ordinaire, le Bouddha a répondu : "Cela viendra en son temps", tout comme les fleurs viennent en leur temps, les nuages viennent en leur temps et le soleil se lève en son temps.

Dans l'existence, il y a une continuité dans le temps. Ce n'est pas qu'aujourd'hui la lune aura un peu de retard ou que le soleil continuera un peu plus longtemps. Il y a une certitude absolue que tout se produit dans la nature lorsque le bon moment arrive, donc le bon moment signifie simplement la bonne opportunité, le bon climat, la bonne préparation, la réceptivité. Et alors, vous ne devez pas vous inquiéter de la bouddhéité, car en ce qui concerne la bouddhéité, vous l'avez déjà. Ce qui manque, c'est la reconnaissance. Vous avez oublié votre nom, c'est tout ce qui manque. Peut-être faut-il une certaine situation pour que l'on vous rappelle votre nom.

Avant de parler du sutra de Dogen, j'aimerais partager avec vous un incident de la vie d'Edison. Il était un scientifique si éminent, un si grand professeur, que personne ne l'appelait jamais par son nom. Ses parents sont morts très tôt et il était tellement impliqué dans son travail qu'il n'avait pas d'amis. Il n'avait que des scientifiques qui étudiaient sous sa direction. Ils ne pouvaient évidemment pas l'appeler par son nom, Edison.

Ils l'appelaient tous "Professeur".

Peu à peu, il a lui-même oublié comment il s'appelait. Si pendant cinquante ans personne n'utilise votre nom et que soudain quelqu'un vous appelle par votre nom, il est possible que vous ayez un choc. Vous aurez l'impression de vous souvenir de cet homme... un souvenir, un écho lointain dans les montagnes. Mais d'ordinaire, cela ne se produit pas, car votre nom vous est rappelé chaque jour.

C'était un cas spécial avec Edison. Ses parents sont morts très tôt, et il était un génie dès son enfance. Lui seul était capable d'inventer mille choses qui n'avaient jamais existé dans le monde. Vous ne pourrez rien trouver autour de vous sur lequel il n'y ait pas la signature d'Edison.

Pendant la première guerre mondiale, la carte de rationnement a été introduite pour la première fois, et tout le monde devait se rendre au bureau pour s'enregistrer. Évidemment, tous les bureaux où les noms sont enregistrés sont bondés, les gens font la queue. Edison fait également la queue. Lorsque l'homme qui se trouvait devant lui a donné toutes les informations, a reçu sa carte de rationnement et est parti, l'employé qui regardait la liste a appelé le nom à voix haute :

"Est-ce que M. Edison va monter maintenant ?". Et Edison a regardé ici et là. Il ne se souvenait pas... Il se souvenait qu'il avait connu un homme du nom d'Edison, mais depuis cinquante ans, personne ne l'avait appelé par son nom.

Un homme dans la file d'attente a reconnu que le type qui se tenait devant était le célèbre Edison, et il regardait ici et là. L'homme dit : "Celui que vous cherchez, c'est vous. Avez-vous oublié votre nom, professeur ?"

Il a dit : "Mon Dieu, c'est bien que vous m'ayez rappelé, sinon j'aurais perdu ma carte de rationnement. J'essayais de me souvenir ; le nom me semblait familier, mais je n'arrivais pas à le relier à moi-même.

Pendant cinquante ans, les gens m'ont appelé "professeur", "docteur", mais personne n'a... parce que je n'ai pas d'amis, je n'ai pas mes parents".

La bouddhéité n'est rien d'autre qu'un autre nom de votre nature fondamentale, de votre nature essentielle. Et personne ne vous l'a jamais fait remarquer. Au contraire, tout le monde a collé des noms, des degrés ...

créer une personnalité autour de vous, et lentement, lentement, vous commencez à l'accepter. Si tout le monde dit que vous êtes intelligent, très intelligent, vous commencez à le croire.

Nous sommes tous victimes d'une foule. L'un de mes professeurs, S.S. Roy, n'était pas d'accord avec moi. Il a dit : "Il est impossible d'oublier son propre nom. Cette histoire d'Edison doit être votre création."

J'ai dit, "S'il vous plaît, donnez-moi du temps pour le prouver."

Il a dit : "Que pouvez-vous prouver ?"

J'ai dit : "Tu n'as qu'à attendre." Et après deux, trois jours, quand les choses ont été oubliées, je suis allé chez lui, j'ai dit à sa femme ... Rajendra Anuragi connaît le professeur S.S. Roy - il était aussi étudiant dans la même université à l'époque. J'ai dit à sa femme : "Quand le professeur Roy se réveillera le matin, fais un petit geste gentil pour moi."

Elle a dit : "Tout ce que vous voulez... Que voulez-vous ?"

J'ai dit : "C'est très petit. Il suffit de lui demander : "Pourquoi es-tu si pâle ? Avez-vous souffert de la fièvre ? N'avez-vous pas bien dormi ? Est-ce que quelque chose te dérange ? Avez-vous mal à la tête ?"

Et quoi qu'il dise, notez-le exactement dans ses propres mots, et je recueillerai cette note plus tard.

Elle a dit : "Je ne comprends pas ce que vous faites."

J'ai dit : "C'est juste une expérience. Plus tard, je t'expliquerai, mais pour l'instant, ne demande pas plus que ça."

Puis j'ai dit à son jardinier : "Quand il sort, tu lui demandes : 'Qu'est-ce qui t'est arrivé ? Tu as l'air si malade, et où vas-tu ? Rentre et repose-toi, je vais appeler le médecin."

Et le jardinier de dire : "Mais à quoi bon tout cela ? Il est en parfaite santé !"

J'ai dit : "Ce n'est pas la question. Je vous expliquerai tout plus tard. Quoi qu'il dise, gardez cette carte avec vous, écrivez-le exactement dans ses propres mots."

Et je l'ai fait de chez lui jusqu'au département de philosophie. Le receveur des postes vivait entre les deux, et un autre professeur. Je leur ai dit : "Soyez assez aimables pour participer à une expérience."

Et la dernière personne était le péon du département de philosophie. Je lui ai dit, "Tu ne te donnes pas la peine, tu as juste..." - c'était un homme fort et grand - "vous saisissez juste le professeur Roy quand il entre, et qu'il se débatte ou non, vous l'allongez sur le sofa."

Il a dit : "Qu'est-ce que vous dites ? On va me virer de mon service !"

J'ai dit : "Personne ne peut vous mettre dehors. Je fais la garantie."

Mais il a dit : "C'est un drôle d'essai". Est-ce une expérience sur moi ou sur le professeur Roy ? J'ai des enfants, une femme et des parents âgés, et je suis un homme pauvre. Ne dérangez pas mon travail."

J'ai dit : "Ça n'a rien à voir avec toi. Vous le faites, tout simplement."

Il a dit : "D'accord, si vous le dites." Il savait que j'étais tellement aimé par le professeur Roy. Il a dit : "Si tu le dis, je le ferai, juste à cause de toi."

Et j'ai dit : "Prenez cette carte. Quoi qu'il dise, écrivez-le, et je le récupérerai d'ici quelques minutes."

J'ai suivi Roy depuis sa maison. Pendant qu'il avançait, j'ai commencé à recueillir les notes. À sa femme, il a dit : "Quoi ? Je suis en parfaite santé. J'ai bien dormi. Qui vous a dit que mon visage était pâle ?"

Elle a dit : "Il n'est pas nécessaire que quelqu'un dise : je vois que vous êtes pâle."

Il a dit : "C'est n'importe quoi. Juste des bêtises de femmes !"

Mais un doute s'est installé en lui. Comme il se préparait à aller à l'université, le jardinier lui prit la main et lui dit : "Que fais-tu ? Tu ne peux même pas marcher correctement, tu vacilles ! Rentre et repose-toi. Je vais aller appeler le médecin."

Et il lui dit : " Oui, je crois que j'ai besoin de repos. Toute la nuit il me semble que je ne me suis pas reposé, et un peu de fièvre aussi semble être là, mais ce n'est pas trop. Je peux au moins monter à l'université, en parler au chef du département et revenir."

Et le receveur des postes, qui était son grand ami, avait l'air tellement effrayé qu'il a dit : "Non, je ne vous laisserai pas partir seul. Je viens avec vous."

Il a dit : "Je suis vraiment malade. Je me sens très faible. C'est très gentil de votre part de me le proposer."

Le postier a dit : "Vous pouvez prendre ma voiture."

Il a dit : "Non, il n'y a pas besoin de prendre votre voiture, je me débrouillerai. Mais si j'ai besoin de votre voiture, je téléphonerai du bureau. Mais je ressens une sorte de tremblement, étrange. De toute ma vie, je n'ai jamais ressenti un tel tremblement."

Toutes ces notes que je collectais. Et le péon a fait un excellent travail. Il a sauté par-dessus le professeur S.S. Roy et il se débattait en disant : "Qu'est-ce que tu fais ? Espèce d'idiot !" Et il l'a mis sur le canapé, l'a pressé et lui a dit : "Tu dois être au lit. Tu es si malade. Voulez-vous vous suicider ?"

La déclaration du professeur S.S. Roy sur la note du péon était : "Oui, j'ai eu tort de sortir. Il suffit de téléphoner au maître de poste pour qu'il amène sa voiture pour me ramener à la maison, et d'informer le médecin pour qu'il vienne m'examiner. Il semble y avoir quelque chose de très mauvais. Tout le monde est capable de le reconnaître."

Et puis je suis entré dans le bureau où il se reposait sur le canapé, presque prêt à mourir. J'ai dit : "Attends !"

Et j'ai dit au péon sur le chemin, "n'appelle personne, ni pour la voiture ni pour le docteur. Ce n'est pas la peine. Je vais m'en occuper."

J'ai dit : "Il n'est pas nécessaire de mourir maintenant. Un jour tu devras mourir, mais prends juste quelques minutes de ton temps. Regardez juste ces notes... ce que vous avez dit à votre femme."

Il a dit : "Tu es un drôle d'étudiant, tu m'aurais tué". Juste deux personnes de plus...

Et s'ils avaient dit : "Tu es mort", je l'aurais cru."

J'ai dit : "C'est juste en réponse à notre controverse."

Si les gens continuent à vous répéter quelque chose, vous commencez à y croire malgré vous.

Vous pouvez douter la première fois, mais lorsque cela continue d'être dit continuellement, une croyance naît en vous, et vous oubliez le doute.

On vous a dit que vous étiez des pécheurs. On vous a dit que vous êtes nés dans le péché, et on vous a fourni d'étranges arguments pour expliquer pourquoi vous êtes nés dans le péché : parce qu'Adam et Eve ont désobéi à Dieu. Les théologiens chrétiens disent que, bien que six mille ans se soient écoulés depuis qu'Adam et Ève ont été retirés par Dieu de leur place dans le jardin d'Eden, parce qu'ils avaient désobéi.... Il leur avait dit de ne pas manger de deux arbres : l'un était l'arbre de la connaissance, et l'autre l'arbre de la vie éternelle.

Je pense qu'Adam et Eve ont fait exactement ce que toute personne un tant soit peu intelligente aurait fait. Ce sont les deux choses : la sagesse et la vie éternelle - que voulez-vous d'autre ? Et Dieu vous fournit tout le reste, c'est-à-dire mâcher comme les buffles, s'asseoir sous les arbres. Et l'arbre qu'il avait interdit était un pommier.

Dans le fait même de l'interdiction de Dieu, Dieu meurt comme amour, Dieu meurt comme compassion. Sinon, si Dieu était le Père, il aurait dit aux enfants : "Voici les deux arbres que vous ne devez pas oublier :

la sagesse et la vie éternelle". Mais c'est le diable qui a rappelé cela à Eve. Le diable semble être le premier révolutionnaire du monde. Il a persuadé Eve.

J'ai regardé cette histoire sous plusieurs angles. Pourquoi n'a-t-il pas persuadé Adam ? Parce que même si Adam est persuadé, il sera entravé. Si Eve insiste pour ne pas le manger, le pauvre Adam n'est après tout que le pauvre mari. Plutôt que de persuader le mari, il a persuadé la femme. Et depuis lors, chaque publicité est destinée à la femme. Chaque église fonctionne grâce au soutien de la femme.

Mais son argument était juste, et il avait choisi la bonne personne à persuader. Il dit : "Dieu t'a interdit. En connais-tu la raison ? Si tu manges ces deux fruits, la sagesse te rendra éclairé, et la vie éternelle ..... Et tu seras aussi puissant et aussi habile que Dieu lui-même. Et Dieu est jaloux de cela ; il ne veut pas que vous deveniez des dieux. Il veut que vous restiez des adorateurs - des saints, des pécheurs, mais jamais des dieux. Mais ces deux fruits peuvent faire de vous de véritables dieux".

Étrangement, les religions qui ne croient pas en Dieu ont pour but ultime la liberté. Et les religions qui croient en Dieu, leur but ultime est le salut. Un sauveur viendra, vous êtes vous-même absolument impuissant. Un messie viendra qui vous sauvera. Ils attendent depuis six mille ans, et il ne vient pas. Et de temps en temps, si quelqu'un devient assez fou et proclame : "Je suis celui que vous attendez", ils le tuent.

C'est une étrange humanité. Vous attendez la personne et si quelqu'un essaie .... Ce n'était pas seulement Jésus. Jésus est devenu plus important parce qu'une grande religion a surgi derrière lui. Il y avait d'autres personnes : Jean le Baptiste a été tué parce qu'il ne proclamait même pas "Je suis le prophète", mais simplement "Je crée l'atmosphère propice à la venue du prophète." Il a été décapité. Il a proclamé Jésus comme le prophète pour lequel il avait préparé le chemin. Et Jésus a été crucifié.

Le même comportement a été observé dans le monde entier.

Les religions ne veulent pas que vous soyez intelligent. Le fruit de l'intelligence a été abandonné. Si vous devenez sage, vous allez à l'encontre de Dieu. C'est pourquoi toutes les religions qui croient à l'ordre et à l'obéissance ne prêchent pas la méditation. Ce sont des sujets très complexes. Pourquoi le christianisme ne prêche-t-il pas la méditation ? Pourquoi n'y a-t-il pas de place pour la méditation dans le mahométanisme ? Pour la simple raison que la méditation est en fait ces deux arbres ensemble. Elle vous apportera l'illumination et vous apportera la certitude absolue, indubitable, que vous êtes Dieu, que tout est divin. Dans votre piété, même la plus petite feuille d'herbe devient divine, tout comme la plus grande étoile. L'univers entier ne devient qu'une vibration de la danse divine. Mais tu dois d'abord le ressentir dans ton cœur, et toutes tes soi-disant religions t'en éloignent : Priez Dieu !

J'ai entendu parler de Michel-Ange .... Il peignait le plafond d'une célèbre cathédrale. Il commençait à faire un peu sombre, et une vieille femme priait Dieu, sans savoir du tout qu'au-dessus d'elle, sur le plafond, Michel-Ange était en train de peindre. Et il commençait à se fatiguer, allongé sur la longue échelle.

Il a écouté ce que disait cette vieille femme. Elle demandait à Dieu : "Un peu d'argent ne serait pas mal.

J'en ai besoin, car je n'ai personne pour me soutenir. Vous m'avez enlevé tout le monde". Elle priait particulièrement Marie, la mère de

Jésus-Christ, parce qu'étant une femme, elle comprendra les problèmes d'une vieille femme.

Michel-Ange, fatigué de son travail, voulait juste profiter du moment. Il a dit, "Je t'écoute. Je suis Jésus-Christ."

La femme devait être une grande femme. Elle a dit : "Tais-toi ! Je m'adresse directement à ta mère !"

Michelangelo a écrit : "Je ne pouvais pas le croire. Je lui avais proposé, mais elle a tout simplement refusé. Elle a dit : "Tais-toi ! Dans l'obscurité, elle ne pouvait même pas voir."

Toutes ces religions essaient d'humilier l'humanité. Tout leur business, leur exploitation et leur oppression dépendent de vous, de votre peur, de votre avidité, de votre mort, de votre maladie. Si vous commencez à vous sentir divin et pouvez jouir non seulement de la vie mais aussi de la mort, avec la même danse, à quoi serviront les prêtres ? Et il y en a des millions dans le monde entier, qui vivent comme des parasites.

Ils peuvent être hindous, mahométans, chrétiens, ils peuvent appartenir à n'importe quelle religion, mais la prêtrise est la plus ancienne profession des parasites.

Si vous entrez en vous-même et trouvez la vérité, vous serez surpris de voir que ce qui était en vous a été ignoré par tous les moyens, afin que l'exploitation puisse se poursuivre.

L'attitude du Bouddha est que vous êtes un bouddha, il ne s'agit pas d'atteindre la bouddhéité. Vous êtes un bouddha, tout ce dont vous avez besoin est un miroir pour voir votre visage, votre visage originel - une reconnaissance, un souvenir. Vous avez oublié qui vous êtes.

Cette ignorance est exploitée par les églises, par les temples, par les prêtres, par les rabbins, par les experts, par toutes sortes de théologiens. Ils créent des barrières arbitraires, que vous pouvez faire tomber en un instant si vous le souhaitez. Mais ils vous ont fait tellement peur - ne pas croire en Dieu signifie que vous allez tomber en enfer.

J'ai entendu dire qu'au Moyen Âge, les prêtres insistaient tellement sur les tortures de l'enfer, que vous serez brûlés dans un feu éternel, et pourtant vous ne mourrez pas - c'est une consolation qu'ils ne peuvent pas vous donner. On vous sortira du four et on vous y remettra, on vous brûlera d'un côté et de l'autre... On sait que de nombreuses femmes s'évanouissaient en écoutant ces prédicateurs. L'idée générale était si féroce, que vous ne mourrez jamais et que vous serez toujours dans le four et hors du four, un peu de repos et puis de nouveau ...

J'ai entendu une histoire selon laquelle Morarji Desai est mort. Dans un sens, ce serait bien. Puisque la Cour suprême a fait de lui un sans-abri, ce serait une façon de trouver un foyer. Et se prenant pour un grand mahatma, il était convaincu qu'il atteindrait le paradis, mais ce qu'il a vu, c'est qu'il était traîné en enfer. Il a crié, il a essayé de les convaincre : "Je suis l'ex-premier ministre de l'Inde, un grand disciple du Mahatma Gandhi. Toute la journée, j'ai tourné sur la roue. Que voulez-vous dire ? L'enfer est pour les pécheurs, pas pour les mahatmas."

Mais les démons ne voulaient pas écouter. Ils ont dit : "Taisez-vous. Vous aurez le choix parce que vous avez été premier ministre. Nous pouvons vous faire cette faveur. Il y a trois couches d'enfer, vous pouvez choisir celle que vous voulez."

Ne voyant aucune possibilité de s'échapper, Morarji a accepté. Ils l'ont emmené dans la première section, et ce qu'il a vu, il ne pouvait le croire : des gens étaient battus, le sang coulait. La mort est impossible en enfer, rappelez-vous. Vous devez toujours vous rappeler ce point : la mort est impossible, seulement la torture. Tu ne peux pas te suicider. En enfer, ce n'est pas possible. Tu ne peux pas t'échapper, il n'y a pas de sortie.

En voyant cet endroit sanglant, des gens torturés, battus, il a dit : "Je préférerais voir les deux autres avant de choisir."

En deuxième lieu, le four chrétien ... Les gens sont tirés et sortis et cuits, et ils sont encore en vie ! Il a dit : "Ce n'est pas possible pour moi. Je suis végétarien. Je ne peux même pas regarder une telle scène. "

Il a été emmené dans la troisième. Il avait l'air un peu mieux, pas beaucoup, mais comparé aux deux autres .....

Les gens étaient debout jusqu'au cou dans toutes sortes de merde, et buvaient du café, du thé et du Coca-Cola.

Chacun devait choisir, celui qu'il voulait. Il a dit : "Ce n'est pas bon, mais que faire d'autre ?

Ces deux autres..." Et il était un buveur d'urine confirmé depuis soixante ans, donc ce n'était pas très mauvais. C'était bien qu'il soit habitué et qu'il ait bien répété. Il avait fait ses devoirs. Il a dit : "Je vais choisir ça."

Mais il ne savait pas que ce n'était qu'une pause café. Au moment où il terminait son café, une cloche a sonné et un diable a crié : "Maintenant, tout le monde se tient sur la tête !".

Toutes sortes de peurs... si vous ne croyez pas en Dieu. Les gens pensent qu'il vaut mieux croire que de s'attirer des ennuis. Sardar se demande lequel des trois il choisirait. Malheureusement, il n'y a pas de quatrième, il faut choisir entre les trois. Et ils étaient tous méchants.

Toutes les religions ont dit à l'homme qu'il n'est pas ce qu'il devrait être. Alors essayez d'être vertueux, essayez d'être austère, essayez de prier continuellement - un mahométan prie cinq fois par jour. Et faites toutes sortes de distorsions du corps au nom du yoga, qui est déjà une section de l'enfer. La différence, c'est qu'ici, vous le faites tout seul, alors qu'en enfer, les diables le font pour vous - ils vous déforment, quelqu'un vous tire la jambe, quelqu'un vous fait un étirement du cou...

Et je sais parfaitement ce que cela signifie parce que mon cou a été tendu. Vous devez leur dire que c'est tout à fait normal, juste pour qu'ils arrêtent. Sinon, s'ils continuent à le faire, votre tête va bientôt sortir du corps ! Vous souffrez et vous devez dire que vous êtes guéri. Ils ont mis mon corps en traction. La traction a été utilisée pour la première fois par les missionnaires chrétiens et les églises chrétiennes au Moyen Âge pour les femmes pauvres qui étaient déclarées sorcières. Et finalement cette stratégie de la traction ....

Par hasard, il est arrivé que quelqu'un souffre d'un mauvais dos lorsque son corps a été étiré.

Pendant trente ans, elle a souffert d'un mauvais dos. Soudain, son dos s'est stabilisé et il n'y avait plus de douleur, et elle ne pouvait pas le croire. De l'église, la machine à traction est passée aux hôpitaux.

C'est ici qu'un de mes médecins très aimant, le Dr Hardikar - son nom en anglais signifie Dr Hard - a travaillé sur moi. Il est gentil, mais les choses qu'il fait .... Tout le corps est tiré, les jambes sont tirées d'un côté, la tête est tirée de l'autre côté. Bientôt, vous commencez à sentir que vous allez vous briser quelque part entre les deux. C'est pourquoi je dis qu'il est absolument certain qu'en enfer, ils ont des mécanismes de traction très primitifs - on n'y meurt pas. Et mon sentiment est que les gens qui disent être guéris ne le sont pas vraiment. C'est ma propre expérience. Vous devez le dire, sinon ils sont prêts à vous donner plus de traction. Soit vous mourez, soit vous dites que vous êtes guéri - vous n'avez pas d'autre alternative.

La religion a vécu de la peur. Et elle a créé des disciplines comme le jeûne - se torturer de toutes les manières possibles. Plus vous vous torturez, plus Dieu est content de vous. C'est un argument étrange, pourquoi le fait que je sois torturé rend-il Dieu heureux ? Est-il sadique ? Est-il fou, ou quoi ? Mon jeûne le rend heureux. Je souffre, j'ai faim, mon corps entier réclame de la nourriture, et Dieu se sent très heureux. Je ne vois aucun rapport entre cela et l'idée que Dieu est amour - quel genre d'amour ? - que Dieu est compassion. Quel genre de compassion ? Pour l'atteindre, vous devez passer par toutes sortes de tortures inutiles.

Et une fois que vous avez été convaincu que Dieu est un objectif difficile à atteindre ... des millions de personnes se sont torturées de cette façon, et pas une seule d'entre elles n'a jamais atteint une quelconque réalisation de la félicité.

Ceux qui ont atteint sont un autre genre de personnes. Ils ne disent pas que Dieu est un but - Dieu est votre nature ! Soyez simplement naturel ; et silencieusement, sans même faire le bruit des pas, le bouddha en vous s'éveille.

Dogen dit, en citant le Bouddha,

SI VOUS VOULEZ COMPRENDRE LA VÉRITABLE SIGNIFICATION DE LA NATURE DE BOUDDHA, VOUS DEVEZ COMPRENDRE CORRECTEMENT SES MANIFESTATIONS MOMENTANÉES.

Vous êtes tous sa manifestation momentanée. Tout dans le monde est sa manifestation momentanée.

Quelque part, la nature s'est épanouie en une rose, quelque part elle est devenue un oiseau volant dans le ciel, quelque part c'est un pin qui s'élève vers les étoiles, et quelque part c'est un être humain. Ce sont toutes des manifestations momentanées de la même nature.

Le mot "buddha" vient de la racine sanskrite buddh. Le mot "buddh" signifie "conscience". Vous pouvez devenir conscient sous n'importe quelle forme. Mais la forme humaine est la plus facile à utiliser pour devenir conscient. Si vous ratez cette occasion, vous passez à côté de quelque chose que vous ne trouverez peut-être qu'après des millions d'années de recherche.

Être un pin ou un rocher de montagne - ce sont toutes des manifestations. Mais aucune montagne n'est devenue un bouddha, et aucun pin, dans son immense beauté, n'a jamais atteint l'illumination. Aucun animal, aucun oiseau, aucun arbre, aucun soleil, aucune lune, dans toute leur beauté... ce sont des manifestations de la même nature, mais seul l'homme est capable de prendre conscience de cette nature propre. Cette double conscience - la conscience de la conscience - est la grandeur de l'homme. C'est son trésor.

Dans toute l'existence, seul l'homme en est capable, et si vous manquez cela, vous ne savez pas ce que vous avez manqué. Vous avez manqué la plus grande béatitude possible, la plus grande paix, le plus grand silence et la plus grande compréhension, la plus grande intrépidité et la plus grande liberté.

L'affirmation du Bouddha est que tout ce qui est compris correctement n'est qu'une manifestation momentanée de la même nature. Un bouddha est une reconnaissance de cette vie intérieure qui palpite en tout - dans l'herbe, dans l'eau, dans les nuages, dans les êtres humains. Partout où il y a de la vie, c'est Dieu sous une forme ou une autre. C'est une grande déclaration.

Bouddha dit,

AU MOMENT OPPORTUN, LA NATURE DE BOUDDHA SE MANIFESTERA.

C'est une longue tradition et une controverse parmi les disciples du Bouddha - "Que veut-il dire par le bon moment ?" Cela peut être mal compris, comme le dit Dogen. Cela peut être mal compris. Si cela doit arriver au bon moment, profitez simplement de votre vélo de location, pourquoi perdre votre temps inutilement ? Trouvez une petite amie ou un petit ami ou n'importe quel type d'ami, ou allez simplement au cinéma. Faites n'importe quoi de stupide, car au bon moment, la bouddhéité apparaîtra - peu importe, entre-temps, ce que vous faites.

Les gens ont utilisé cette affirmation pour faire tout ce qu'ils veulent - jouer, accumuler des biens, être riche, être puissant - parce qu'ils n'ont pas besoin de faire d'effort particulier. Au bon moment, la nature de bouddha se manifestera. Il s'agit là d'un type de malentendu.

Par " bon moment ", le Bouddha ne veut pas dire que vous devez reporter ce moment, que lorsque le bon moment arrive ..... Il n'arrive jamais. C'est toujours le même moment. Et ce n'est pas quelque chose d'extérieur qui vous arrive, c'est quelque chose qui s'épanouit en vous.

Que signifie donc "le bon moment" ? L'un des malentendus est de continuer à faire des activités banales. L'autre malentendu consiste à rapprocher le bon moment par des austérités, par le jeûne, par la prière, en allant à l'église ou au temple, en se dressant sur la tête, en faisant toutes sortes de contorsions, en se torturant inutilement - pour rapprocher le bon moment. C'est une autre déformation, une autre conception erronée de la déclaration du Bouddha.

Quel est le bon moment ? Dogen dit ,

DE NOMBREUX MOINES, ANCIENS ET ACTUELS, ONT CRU QUE L'EXPRESSION "AU MOMENT OPPORTUN" SIGNIFIE QU'IL FAUT ATTENDRE QUE LA NATURE DE BOUDDHA SE MANIFESTE DANS LE FUTUR. ILS PENSENT QUE S'ILS CONTINUENT À S'ENTRAÎNER DE LA SORTE, LA NATURE DE BOUDDHA SE MANIFESTERA NATURELLEMENT AU BON MOMENT. JUSQU'À CE QUE CE MOMENT ARRIVE, ILS CONCLUENT À TORT QUE LA NATURE DE BOUDDHA NE SE MANIFESTERA PAS, MÊME S'ILS VISITENT UN MAÎTRE À LA RECHERCHE DU DHARMA OU S'ENTRAÎNENT DILIGEMMENT.

Il n'est pas nécessaire, selon cette idée fausse, d'aller voir un maître. Mais tout le malentendu porte sur le bon moment, sur ce qu'est le bon moment. Chaque moment est le bon moment. Il vous faut juste un peu de courage pour risquer vos connaissances, pour risquer votre ego, pour mettre en jeu tout ce que vous pensez avoir de la valeur. Cherchez en vous la seule chose que vous ne pouvez ni emprunter à personne, ni donner à personne. C'est votre nature. Et cette nature est toujours dans le présent. Le présent est donc le bon moment. Ni hier, ni demain - aujourd'hui ! En ce moment même, vous pouvez devenir un bouddha.

EN SE BASANT SUR CETTE FAUSSE CONCLUSION, ILS RETOURNENT INUTILEMENT À L'ORDINAIRE.

ET ATTENDENT VAINEMENT QUE LE BON MOMENT ARRIVE.

Le bon moment n'est pas à venir. Il a toujours été là. Dogen dit ,

LES MOTS "QUAND LE BON MOMENT SERA VENU" SIGNIFIENT QUE LE BON MOMENT EST DÉJÀ ARRIVÉ.

En fait, il ne vient jamais, ne part jamais. Il est toujours là. L'océan reste, le poisson naît et un jour disparaît. Tout comme une vague - un peu plus solide, mais tout comme une vague. Le ciel reste ; de temps en temps il est nuageux, mais ces nuages viennent et partent, laissant le ciel intact.

Parler de notre nature de bouddha, c'est parler de notre être intérieur, de notre ciel même. Nos pensées ne sont que des nuages, elles vont et viennent. Nos émotions ne sont que de la fumée ... momentanée. Tout est éphémère. Notre enfance passe, notre jeunesse passe, notre vieillesse passe, notre vie elle-même passe. Dans tout cela, une seule chose reste la même, à savoir la conscience présente. C'est pourquoi Dogen dit que le bon moment est déjà arrivé. Il n'est pas nécessaire de l'attendre.

IL NE PEUT Y AVOIR AUCUN DOUTE À CE SUJET. MÊME SI DES DOUTES SURGISSENT, ILS NE SONT RIEN D'AUTRE QUE LA MANIFESTATION DE LA NATURE DE BOUDDHA EN NOUS-MÊMES.

Telles sont les belles contributions au monde de ceux qui sont à la recherche des mystères. Même les doutes sont dans notre nature, ils ne sont donc pas à condamner. Si un doute surgit, c'est un nuage qui est venu dans le ciel, mais le ciel ne va pas être égratigné par le nuage. Le nuage disparaîtra ; comme il est apparu, il sera parti.

Et de toute façon, tout ce qui se passe dans le monde fait partie de l'univers. Il est immensément significatif de comprendre que même les doutes sont notre nature de bouddha.

SI LE BON MOMENT ÉTAIT QUELQUE CHOSE QUI VENAIT, LA NATURE DE BOUDDHA NE VIENDRAIT PAS.

Parce que si c'est une question de va-et-vient, comme les saisons... la pluie va et vient, l'hiver va et vient, le printemps va et vient. Si la nature de bouddha dépend du temps, alors elle s'en va comme elle vient. Elle ne peut dépendre d'aucune causalité, elle ne peut dépendre d'aucun temps. Le fait est qu'elle est déjà là, il suffit d'être suffisamment éveillé pour la reconnaître. Le bon moment est ce moment, cet instant ! L'insistance du Zen sur ce moment est immense. Il ne permet aucun report.

C'EST PARCE QUE LE BON MOMENT EST DÉJÀ ARRIVÉ ; LA NATURE DE BOUDDHA S'EST DÉJÀ MANIFESTÉE. CE FAIT EST TOUT À FAIT CLAIR, CAR IL N'Y A JAMAIS EU DE BON MOMENT QUI NE SOIT PAS VENU, NI DE NATURE DE BOUDDHA QUI NE SE SOIT PAS MANIFESTÉE.

C'est vraiment dire que .... Une ancienne histoire zen : Un homme était connu comme un maître voleur, car il n'avait jamais été pris dans sa vie, et il avait volé dans tous les palais, dans toutes les maisons riches. En fait, la situation était arrivée à un tel point que les gens s'en vantaient - que le maître voleur était entré dans leur maison.

Ce maître voleur a rencontré Rinzai, qui l'a regardé dans les yeux et lui a dit : "Ne t'inquiète pas. Quoi que tu fasses, fais-le totalement, et tu exprimes la nature de Bouddha."

Mais l'homme a dit : "Vous ne savez pas ce que je fais."

Il m'a dit, "ne vous donnez pas la peine. Quoi que tu fasses... Je te connais, tu es un maître voleur. Je suis vraiment jaloux de toi. Je ne suis pas un si grand maître en ce qui concerne la méditation. Tu es un plus grand maître en ce qui concerne le vol. Fais-le totalement, et tu trouveras ta bouddhéité dans ta totalité".

Il y a eu des bouchers qui sont devenus des maîtres, et leurs maîtres ne les ont pas empêchés d'exercer la profession de boucher parce qu'ils étaient si parfaits, ils étaient si totaux dans ce qu'ils faisaient. C'est la seule religion dans le monde entier qui vous permet tout. Faites-le totalement, avec une conscience absolue, et toutes vos activités deviennent des activités de Bouddha. Il n'est pas nécessaire de changer ce que vous faites. Si vous peignez, alors soyez un peintre si profondément que vous disparaissez et que seule la peinture demeure. Si vous êtes musicien, noyez vous dans votre musique, de sorte que la musique reste et que vous ne soyez plus. Et votre bouddhéité se manifestera de milliers de façons.

C'est la seule approche religieuse dans le monde entier et dans toute l'histoire de l'homme qui accepte toutes les activités de l'homme sans rien rejeter. Vous pouvez faire de tout une prière, de tout une méditation, de tout votre offrande à l'univers.

Un poète zen :
LE COMPAGNON DU VENT FURIEUX :
DANS LE CIEL,
LA LUNE UNIQUE.

Ce sont des haïkus picturaux. Assis en silence, un méditant ouvre les yeux et voit le compagnon du vent furieux dans le ciel : la lune unique. Mais la lune ne bouge pas, ne vacille pas à cause du vent furieux. Si vous pouvez vous trouver au centre du cyclone, vous avez trouvé la lune - aucun vent furieux, aucune pensée, aucune émotion, rien ne peut la perturber. Elle est imperturbable.

Un haïku par Issa :
PERDU DANS LE BAMBOU,
MAIS QUAND LA LUNE ÉCLAIRE -
MA MAISON.

Juste des fragments d'expérience. Personne ne les qualifiera de grande poésie ; ils ne sont pas de la même catégorie.

Ils ont leur propre catégorie. Ce qu'il dit c'est, "Dans une méditation silencieuse, j'ai vu... PERDU DANS LES BAMBOUS, MAIS QUAND LA LUNE ÉCLAIRE - MA MAISON."

Juste une image ... et on devient un miroir. Ce haïku est juste le miroir d'une maison, cachée dans l'épais bosquet de bambous ; et la lune arrive, et soudain la maison qui était cachée dans l'obscurité devient lumière.

Un haïku de Basho :
UN CLOUD,
ESSAYANT D'ENVELOPPER LES RAYONS DE LUNE,
UNE AVERSE DE MOUSSON.

Apprécier tout - la lune, le nuage, l'averse de mousson - parce que tout devient si divin pour le méditant qu'il est une expression et une manifestation de la même source originelle.

Question 1 :

Maneesha a demandé :

NOTRE MAÎTRE BIEN-AIMÉ,

IL NE SEMBLE PAS SI DIFFICILE D'ABANDONNER LES NOTIONS DE BIEN ET DE MAL EN CE QUI CONCERNE LA MORALITÉ DE CERTAINES SOCIÉTÉS. CE QUI EST PLUS DÉLICAT, C'EST D'ABANDONNER LE SENTIMENT QUE L'ILLUMINATION EST "JUSTE", ET QUE TANT QUE JE NE L'AI PAS RÉALISÉE, JE SUIS EN QUELQUE SORTE "MAUVAIS".

MAÎTRE BIEN-AIMÉ, POURRIEZ-VOUS ME REMETTRE SUR PIED ?

Maneesha, tu as raison. Personne ne peut te donner tort ! Tel que vous êtes, vous êtes le Bouddha. Peu importe que vous soyez assis dans une posture différente. Peu importe que vous soyez une femme et non un homme. Peu importe que vous ne marchiez pas comme le Bouddha, que vous ne parliez pas comme le Bouddha. Quoi que vous fassiez, vous ne pouvez rien faire qui ne soit pas une manifestation de la bouddhéité.

Comprendre ce point, c'est atteindre une grande hauteur de conscience. Le voleur remplit son rôle, il lui suffit de le faire parfaitement. Et si vous n'êtes pas un bouddha - ce n'est qu'une idée, un nuage qui a recouvert la lune ; il passera. Les nuages ne restent pas éternellement.

Et je peux comprendre, Maneesha. Cela restera difficile jusqu'à ce que tu deviennes illuminé. Mais chaque nuit vous devenez illuminé, et de nouveau vous oubliez. Que faire de votre impossibilité, de votre entêtement, de votre insistance à dire " Non, je ne suis pas un bouddha " ? Cela dépend de vous. Si vous insistez, cela aussi est une manifestation de la bouddhéité. C'est le but du Zen - vous dire que quoi que vous fassiez, faites-le en pleine conscience. Vous êtes un bouddha, vous ne pouvez pas être autrement. Il est impossible de ne pas être un bouddha.

Vous pouvez en douter, vous pouvez le nier, mais le doute et le déni sont tous des potentialités de votre bouddhéité.

Aucun arbre ne le nie, aucun oiseau ne le nie, aucun animal ne doute. Il n'y a que l'homme qui a des doutes, qui ne peut accepter : "Une si pauvre créature comme moi, et un bouddha ?" Il est parfaitement prêt à vénérer un bouddha. Il est parfaitement prêt à prier devant des statues de pierre faites par l'homme. Mais cela semble être trop, d'accepter le fait que, "Je suis un bouddha."

Et je vous dis qu'il s'agit simplement de se fatiguer de ne pas être un bouddha - c'est ainsi que cela m'est arrivé. J'ai essayé et essayé et essayé, et puis finalement j'ai dit : " Il vaut mieux être un bouddha sans effort. " Et depuis lors, j'ai été un bouddha. Pas un seul instant je n'ai été différent. Pas un seul instant, aucun doute n'est apparu.

Il faut juste un peu de courage. Traditionnellement, on vous a découragé, on vous a humilié. Il suffit de se révolter contre toute humiliation, de se révolter contre toutes les idées fausses qui vous sont imposées, d'exprimer votre dignité avec joie. Et être un bouddha n'est pas une comparaison, donc il n'est pas question d'ego. Ce n'est pas que si Maneesha devient un bouddha, alors Chitten deviendra un être humain ordinaire assis aux côtés de Maneesha, un bouddha. Chitten est un bouddha depuis le tout début. Il est un bouddha senior ! Si vous devenez un bouddha aujourd'hui, il y en a beaucoup qui sont devenus des bouddhas il y a quelques jours. Hier, quelques-uns sont devenus, avant-hier, quelques-uns sont devenus. Il est encore temps de vous reconnaître, d'exprimer votre dignité, de rejeter toute idée d'humiliation et toute idée de destruction de votre dignité.

Tout mon effort ici n'est pas de vous entraîner à devenir des bouddhas, mais simplement de vous donner du courage afin que vous puissiez accepter votre bouddhéité sans aucune crainte.

Et comme la peur disparaît, les nuages disparaissent, et la pleine lune dans la nuit .....

Maneesha, je vais réessayer aujourd'hui. Voyons si je peux vous remettre sur le droit chemin ou pas. J'ai essayé pendant trente ans sans interruption. Je redresse les gens et dès que je pars, ils s'effondrent. En ma présence, ils reconnaissent qu'ils sont des bouddhas. En mon absence, le doute s'installe. Maneesha assise dans sa chambre, "Mon Dieu, moi, une pauvre fille, et un bouddha ? Je n'ai pas renoncé à un royaume, je n'ai pas fait de grandes austérités, je ne me suis pas torturée, je ne me suis pas disciplinée."

Aujourd'hui même, Shunyo m'a dit que Zareen voulait qu'elle porte un sari. Or le sari s'adapte parfaitement à la courbure de la femme indienne. Il est très rare qu'une femme occidentale soit gracieuse dans un sari - elle a l'air un peu bizarre. Je n'y peux rien, cela ne veut pas dire que je nie, c'est juste que le Bouddha est devenu un peu bizarre. Je l'avais dit à Shunyo il y a longtemps, parce qu'une fois, elle avait essayé un sari et je lui avais dit : " Ce n'est pas pour toi. Tu es trop longue pour ça, et trop droite !" Sur Zareen, ça lui va. En fait, Zareen ne peut pas utiliser de robe de chambre. Dans la commune, elle était venue me voir en robe de chambre, et elle ressemblait à un ballon ! Je n'arrivais pas à y croire, qu'est-ce qui lui est arrivé ?

Aucune femme indienne ne sera bien dans une robe, en particulier une femme de type Zareen. Le sari est un art très inventif de la part des femmes de type Zareen. Il cache toutes les excroissances inutiles et les maintient attachées ensemble, sinon elles peuvent tomber et se répandre partout ! Et par amour, elle a insisté - elle a dit à Shunyo, "Ça ne prendra que cinq minutes". Et Shunyo me disait : "Il a fallu une heure pour me mettre le sari." Et Zareen m'a dit ensuite : "Elle exagère, ça ne prend que cinq minutes !".

Vous êtes un bouddha. Cela ne prend que cinq minutes ! Mais vous continuez à insister chaque jour, en demandant encore et encore : "Pensez-vous que je suis aussi un bouddha ?". Ou, "Pensez-vous que je suis toujours un bouddha ?" Vous étiez un bouddha hier, vous êtes un bouddha aujourd'hui, vous serez un bouddha demain. Quoi que vous fassiez, cela n'a pas d'importance. Votre bouddhéité est votre vie même.

Vous pouvez changer vos vêtements, vous pouvez changer vos accents, vous pouvez changer votre comportement, cela n'a pas d'importance. Tant de manifestations de la bouddhéité - c'est une belle variété. Si tout le monde ressemblait à Bouddha, assis sous chaque arbre, imaginez l'ennui. Où que vous alliez, vous rencontrez le même Bouddha ; où que vous regardiez, sous chaque arbre, Bouddha est assis ! Vous vous suicideriez - vous diriez qu'il vaut mieux mourir que de vivre dans une ville où tout le monde se comporte comme le Bouddha.

Mais je persiste à dire que vous êtes un bouddha. Je ne vous dis pas que vous devez vous comporter comme un bouddha ; vous devez être spontanément vous-même. Et être honnêtement et totalement soi-même, c'est ce que signifie la nature de bouddha.

Avant d'entrer à nouveau dans notre nature de bouddha, un petit rire ne sera pas de refus. Avant de se risquer, il est toujours bon de rire, parce que vous pouvez mourir quand je dis mourir. Si vous êtes vraiment total, vous mourrez. Alors Nivedano pourra continuer à frapper son tambour... tu ne reviendras pas. Mais tu reviens si vite que je soupçonne que tu ne meurs pas. Vous faites des efforts, ça je le sais, et tout le monde arrive à se mettre dans la bonne position confortable. Ce n'est pas permis. Quand vous êtes en train de mourir, mourez ! Cela ne veut pas dire : "Maintenant, quelle position confortable..." D'autres s'occuperont de vous quand vous aurez fini. Mais vous savez parfaitement que ce n'est qu'une répétition, que le vrai drame n'a pas encore commencé et qu'il n'y a pas d'urgence. De toute façon, vous pouvez mourir demain.

Zabriski emmène la belle Gloria à un rendez-vous. Ils sont assis dans un coin tranquille du bar, sirotant des martinis, quand Zabriski se penche et murmure à l'oreille de Gloria : "Que dirais-tu si je te demandais en mariage ?"

"Rien", répond Gloria. "Je ne peux pas parler et rire en même temps !"

C'est la mousson à Poona, et Swami Deva Coconut rencontre Swami Veet Herschel sur M.G. Road.

"Salut, Coconut !" dit Herschel. "Je voulais te demander si je pouvais récupérer le parapluie que tu m'as emprunté."

"Oh, désolé", dit Coconut. "Je l'ai prêté à un de mes amis. Tu le voulais ?"

"Pas pour moi", répond Herschel. "Mais le swami à qui je l'ai emprunté dit que le propriétaire veut le récupérer !"

Un Polonais est gravement blessé dans un accident de voiture et il doit subir une greffe de cerveau. Une équipe de chirurgiens l'endort, lui enlève son cerveau et va dans la pièce d'à côté en chercher un nouveau. Mais lorsqu'ils reviennent dans la salle d'opération, le Polack a disparu.

La police le recherche partout mais sans succès - il a disparu. Les médecins contactent la police internationale qui recherche dans le monde entier un Polonais sans cervelle.

Finalement, cinq ans plus tard, ils le trouvent. Il porte des robes ridicules et un grand chapeau et vit au Vatican !

Le général Brahmachapatti est à la clinique de Ruby Hall depuis quelques semaines pour une opération mineure.

Les infirmières en ont assez de lui. Il se plaint toujours de la nourriture et du service, réveille les infirmières au milieu de la nuit, réclame des tasses de chocolat chaud, etc.

Un matin, une infirmière entre dans sa chambre et lui dit : "Bonjour, général. Veuillez enlever votre pyjama et vous retourner - je dois prendre votre température."

"Mais infirmière, proteste le général, j'ai toujours le thermomètre dans ma bouche, pas dans mon cul. Pourquoi ce changement ?"

"Ce matin, explique l'infirmière, nous avons besoin d'une température très précise, pour que le laboratoire puisse faire une analyse."

Le général accepte en grognant, baisse son pyjama, se retourne et lève les fesses en l'air.

"Maintenant, général," dit l'infirmière en faisant l'insertion, "c'est un thermomètre spécial et il faut le laisser assez longtemps pour obtenir un résultat précis. Donc ne bougez pas jusqu'à ce que je revienne."

Dans les heures qui suivent, de nombreuses personnes entrent dans la chambre du général, mais toutes se contentent de souffler et de partir rapidement, embarrassées. Finalement, la femme du général vient lui rendre visite.

Elle entre et le regarde avec étonnement, ne sachant pas quoi dire.

"Qu'est-ce qui vous prend, femme ?" tonne le général. "Vous n'avez jamais vu quelqu'un se faire prendre la température ?"

"Oui, chérie, je l'ai fait", balbutie sa femme, "mais pas avec une banane !".

Maintenant, Nivedano...

(Battement de tambour)

(Gibberish)

Nivedano ...

(Battement de tambour)

Soyez silencieux...

Fermez les yeux...

Sentir le corps gelé, sans mouvement.

Rassemblez votre conscience vers l'intérieur,

près du centre même.

Plus tu t'enfonces,

plus vous trouverez la réalisation,

la reconnaissance d'un bouddha.

Dans ce moment de silence

il n'y a que dix mille bouddhas

assis ici.

Faites en sorte que cette expérience soit aussi profonde que possible.

Et gardez-la vivante dans vos activités ordinaires
vingt-quatre heures. Chaque action
devrait être un rappel que vous êtes un bouddha...
et votre action est une manifestation de votre nature.
n'agissez pas de façon anormale,
n'agissez pas artificiellement, ne soyez pas hypocrite.
Soyez naturel et vous êtes un bouddha.
Alors rassemblez votre conscience
plus profondément,
pour le cristalliser.
Nivedano ...
(Battement de tambour)
Repose-toi...
détendez-vous...
vraiment mourir.
ne vous inquiétez pas de ce qui se passe ensuite.
Le monde va continuer... tu ne dois pas t'inquiéter,
juste mourir.
Comme le corps est étendu mort,
tu peux entrer en toi plus facilement.
Non identifié avec le corps
on peut voir le ciel ouvert à l'intérieur.
C'est votre éternité.
C'est votre réalité.
C'est ici.
Tout le reste n'est que commentaire.
Cette expérience est la seule vérité.
Un si beau silence ...
Une soirée si heureuse...
Vous êtes les êtres les plus chanceux
sur la terre en ce moment.
Réaliser la dignité de la chose

et l'honneur qui en découle.
Ici, mon travail n'est pas à rechercher pour vous
pour le Bouddha,
alors arrêtez de chercher ...
et regarder à l'intérieur.
Il est assis là, à l'intérieur de vous.
Nivedano ...
(Battement de tambour)
Reviens,
mais pas dans l'urgence.
Quelqu'un est peut-être mort.
Ne dérangez pas les morts.
Ceux qui sont encore en vie,
revenez. Et restez assis en silence pendant quelques minutes
pour vous rappeler l'expérience
que vous avez traversé.
Vous êtes une assemblée rare.
Dans le passé, c'était...
ces jours étaient dorés,
quand il y avait des centaines d'assemblées
comme ça ...
reconnaître leur nature
et de s'en souvenir
dans leurs actions et leurs manifestations.
Ce monde doré a disparu.
Mais au moins pour vous
ce moment ouvre toute la gloire de l'être.
Ok, Maneesha ?
Oui, Maître bien-aimé.
Je t'ai mis dans le droit chemin ?
Oui, Maître bien-aimé.

Maintenant, pouvons-nous célébrer ce grand rassemblement de bouddhas ?

Oui, Maître bien-aimé.

Vivre un jour comme un bouddha

NOTRE MAÎTRE BIEN-AIMÉ, DOGEN A ÉCRIT :

LA PRATIQUE EST IDENTIQUE À L'EXPRESSION, ET VICE VERSA. EXPRIMER LA VOIE TOUTE LA JOURNÉE, C'EST PRATIQUER LA VOIE TOUTE LA JOURNÉE. EN D'AUTRES TERMES, NOUS PRATIQUONS QUELQUE CHOSE D'IMPRATICABLE ET EXPRIMONS QUELQUE CHOSE D'INEXPRIMABLE ....

LA VIE DE CHAQUE JOUR DOIT ÊTRE ESTIMÉE, LE CORPS DOIT ÊTRE RESPECTÉ. DONC, SI NOUS POUVONS VRAIMENT OBTENIR LA FONCTION BOUDDHISTE MÊME EN UN JOUR, ON PEUT DIRE QUE CE SEUL JOUR A PLUS DE VALEUR QUE D'INNOMBRABLES VIES OISIVES.

PAR CONSÉQUENT, AVANT D'AVOIR RÉALISÉ LE CHEMIN, NOUS NE DEVONS PAS PERDRE UN SEUL JOUR. UN TEL JOUR EST UN TRÉSOR TROP PRÉCIEUX POUR ÊTRE COMPARÉ À UN BEAU BIJOU. LES ANCIENS SAGES LE TENAIENT PLUS CHER QUE LEUR CORPS ET LEUR VIE.

NOUS DEVONS PENSER TRANQUILLEMENT QU'UN BEAU BIJOU ET UNE PERLE RARE, BIEN QUE PERDUS, PEUVENT ÊTRE ACQUIS À NOUVEAU, MAIS QU'UN SEUL JOUR DANS CENT ANS DE VIE, UNE FOIS PERDU, NE REVIENT JAMAIS. AUSSI HABILES QUE NOUS PUISSIONS ÊTRE, IL EST IMPOSSIBLE DE FAIRE REVENIR NE

SERAIT-CE QU'UN SEUL JOUR DU PASSÉ. AUCUN LIVRE D'HISTOIRE NE DIT QUE C'EST POSSIBLE ....

POURQUOI LE TEMPS NOUS PRIVE-T-IL DE NOTRE FORMATION, QUOTIDIENNE ET PERMANENTE ? POURQUOI LE TEMPS NOUS EN VEUT-IL ? C'EST, MALHEUREUSEMENT, PARCE QUE NOUS AVONS TOUJOURS NÉGLIGÉ NOTRE PRATIQUE ....

SANS PENSER À DEMAIN À CHAQUE INSTANT, TU DOIS PENSER UNIQUEMENT À CE JOUR ET À CETTE HEURE. PARCE QUE DEMAIN EST DIFFICILE ET NON FIXÉ, ET DIFFICILE À CONNAÎTRE, VOUS DEVEZ PENSER À SUIVRE LA VOIE PENDANT QUE VOUS VIVEZ AUJOURD'HUI ..... VOUS DEVEZ VOUS CONCENTRER SUR LA PRATIQUE ZEN SANS PERDRE DE TEMPS, EN PENSANT QU'IL N'Y A QUE CE JOUR ET CETTE HEURE. APRÈS CELA, CELA DEVIENT VRAIMENT FACILE. VOUS DEVEZ OUBLIER LE BIEN ET LE MAL DE VOTRE NATURE, LA FORCE OU LA FAIBLESSE DE VOTRE POUVOIR.

Maneesha, avant de commencer à parler de Dogen, je dois faire quelques déclarations. La première concerne le maître zen Niskriya. Il était tombé si bas en Occident qu'hier je l'ai appelé Skinhead, plutôt que Stonehead. Et il était venu parfaitement habillé, comme un maître zen. Aujourd'hui, il ne porte pas sa robe. Peu importe que vous deveniez un skinhead, ici vous êtes à nouveau Sekito - le maître zen Stonehead. Alors coupe tes cheveux et mets ta robe de maître zen, avec ton bâton - on peut en avoir besoin à tout moment. Tu m'as manqué pendant si longtemps, il n'y avait personne ici pour frapper les gens. Et vous ne devriez pas faire une telle chose - faire pousser des cheveux sur une tête de pierre. Ayez honte de vous.

En Allemagne, personne ne l'a peut-être remarqué, mais ici, tout le monde dira : "Qu'est-il arrivé au maître zen Sekito ?" Il s'est perdu. Tout le monde se perd, surtout en Allemagne où vivent de vrais idiots, des idiots très authentiques. Il est tombé du haut de son statut de maître zen à celui de skinhead.

Rase-toi la tête et sois toi-même avec ton bâton zen et ta robe de maître zen. Vous êtes toujours un bouddha. Peu importe que vous ayez voyagé en Allemagne, votre nature de bouddha est intacte. C'est toute notre discussion sur les sutras de Dogen. Vous pouvez même aller en Allemagne, même devenir membre du parlement allemand - vous ne pouvez pas tomber plus bas - vous serez toujours un bouddha.

Et deuxièmement, à Zareen. Elle s'est déplacée toute la journée dans l'ashram en robe de chambre pour prouver que, oui, elle ressemble à un ballon. J'espérais qu'elle aurait assez de courage pour venir ici comme ça, mais elle est revenue ici avec un sari.

Un ballon, c'est magnifique. Il suffit de faire quelques fenêtres ici et là pour voir qui est à l'intérieur. C'est une grande femme, et c'est pourquoi elle n'avait pas peur. Toute la journée, tout le monde a parlé de la montgolfière. J'étais assis dans ma chambre, à écouter toutes sortes de ragots sur sa venue en ballon. Et là, je la vois assise dans sa robe habituelle, elle est si belle.

Le sari a une magie. Les personnes qui ont découvert le sari devaient être très esthétiques. Ils voulaient que leurs femmes ressemblent aux statues de Khajuraho - rondes, pleines.

L'idée est née en Occident, avec la libération des femmes, que la femme doit ressembler à un homme ; elle doit porter un pantalon. Cela prouve un fait psychologique étrange. À cause de sa robe, elle a commencé à perdre les courbes qu'elle avait toujours eues dans le passé, même en Occident. Elle a commencé à devenir une ligne droite, plate.

En regardant une femme occidentale en pantalon et en chemise, une cigarette à la main, on se demande un instant si elle est une femme ou un homme. Ce genre de confusion ne se produit jamais en Orient.

Une femme est une femme, un homme est un homme. Et la femme ne doit pas imiter l'homme, sinon elle se détruira. Elle doit être elle-même. Elle n'est pas inférieure, elle est simplement différente.

Le mouvement de libération met l'accent sur le mauvais point. Il n'est pas question d'égalité. On ne demande pas l'égalité entre deux choses différentes. Une femme a son propre caractère unique, elle ne doit pas imiter l'homme. Et en imitant, souvenez-vous, vous ne serez même pas une femme, vous ne serez qu'un homme de seconde zone.

Le sari donne une certaine liberté à la femme indienne de développer des courbes. Elle est plus facile à explorer. Chez la femme occidentale, qu'allez-vous explorer ? Elle est telle qu'elle est, avec ses vêtements. Mais la femme indienne est totalement différente. Vous allez être surpris... Elle a quelque chose d'intéressant caché derrière le sari. C'est une grande invention.

Mais n'imitez pas, car vous auriez l'air très bizarre. Imaginez Zareen en pantalon et en chemise, elle deviendrait l'animal le plus bizarre du monde. Pour l'instant, elle est si belle.

Mais il y a toujours un désir d'être dans les robes des autres, dans les styles de vie des autres. Et on ne sait pas que c'est ainsi qu'on se perd et qu'on oublie le chemin de la maison. Ne soyez jamais, un seul instant, dans l'imitation. Soyez simplement vous-même. Et pas seulement être soi-même ; Dogen dit : "Respecte-toi. Respecte ton corps."

Ce sont les belles choses que le Zen a apportées dans l'histoire de l'humanité, en particulier dans l'histoire de la conscience.

DOGEN A ÉCRIT :

LA PRATIQUE EST IDENTIQUE À L'EXPRESSION, ET VICE VERSA.

Il parle d'un homme authentique, ce qu'on appelle en langage zen l'homme originel. Sa pratique est identique à son expression. Il n'y a pas deux personnes en lui, il n'y a qu'une seule individualité.

En silence, c'est la même chose. En expression, en manifestation - de toutes les manières possibles - c'est toujours la même chose.

En levant la main, je suis autant un bouddha que sans la lever. LA PRATIQUE EST IDENTIQUE À L'EXPRESSION, ET VICE VERSA. Mais ce n'est pas vrai de l'homme qui est venu exister dans ce monde contemporain. Il dit quelque chose, il pense quelque chose, il désire quelque chose ; en réalité, il veut autre chose. Il est simplement une confusion. L'homme moderne est un bouddha confus. Il ne sait pas que pour en être un, il doit laisser tomber de nombreux masques. Tous ces masques servent à tromper les gens, à créer une certaine respectabilité, une réputation.

Mais au fond de toi, tu es malhonnête. Il n'y a rien de mal à être malhonnête, mais alors exprimez-le, et soyez clair : "Mais je ne suis pas un honnête homme, ne vous fiez pas à moi." Et vous ressentirez une certaine liberté que vous n'avez jamais connue. Lorsque votre expression et votre être ne font qu'un, vous avez le ciel entier comme liberté. Sinon, on est attaché à ses mensonges.

On dit de George Gurdjieff... Pour expliquer à ses disciples, il a développé une certaine technique. Il pouvait rire avec la moitié de son visage, et en même temps, il pouvait être triste avec l'autre moitié. C'est très difficile, je ne sais pas comment il y arrivait. Mais il avait vécu avec des tribus très anciennes au Turkestan, dans les régions très arriérées de l'Union soviétique où les gens sont encore aussi primitifs que vous pouvez le concevoir. Son père est mort tôt et il a dû vivre avec une tribu, puis une autre. Il n'avait que neuf ans mais il a commencé à apprendre - car ces tribus volent, jouent de la musique, font de la magie, guérissent les gens. Ce sont des gens qui se déplacent ; ils n'ont pas de maisons, de stabilité. Ils aiment voyager, ce sont des vagabonds.

Mais il en a fait une excellente occasion d'apprendre tous leurs trucs. L'un de leurs trucs était qu'ils pouvaient réussir à diviser leur visage en deux. Et lorsqu'il enseignait à ses élèves, il lui arrivait de faire ce tour. Quelqu'un est assis à sa droite et quelqu'un à sa gauche ; et d'un côté il aura l'air très en colère, et de l'autre côté très aimant et paisible. Et les deux personnes se rapportent l'une à l'autre ce qui se passe. L'un dit qu'il est très aimant et très paisible. L'autre dit : "Paisible ? Il a l'air très dangereux, violent, meurtrier. Il m'a regardé avec un œil que je ne suis pas prêt d'oublier pendant des mois."

Lorsqu'on lui en faisait part, Gurdjieff disait : " Voilà ce que je veux que vous compreniez : l'homme moderne a plusieurs visages. "

Vous devriez regarder. Quand vous rencontrez votre femme et que vous lui dites "Chérie", vous le pensez vraiment ? "Ma chérie", vous le pensez vraiment ? Quand vous dites ces mots, vous vous souvenez d'une autre femme ? Malheureusement, vous devez dire ces mots à la femme que vous voulez tuer. Mais vous n'êtes pas non plus très courageux. Quand vous voyez votre serviteur, avez-vous le même visage que lorsque vous voyez votre patron ? Observez simplement les changements dans votre visage. Vous n'êtes pas une seule unité, intégrée.

Que les nuages aillent et viennent, qu'ils soient blancs ou noirs, cela n'a pas d'importance. La lune continue de briller de la même manière. Les nuages vont et viennent, ils ne laissent pas d'égratignures sur la lune.

Mais chaque nuage - c'est-à-dire chaque masque que vous portez - laisse des traces sur vous.

J'ai vu des gens rire, mais je vois qu'ils sont presque au bord des larmes. Ils cachent leurs larmes derrière un faux sourire. Et les gens font aussi le contraire.

Je vivais avec un de mes proches. Un parent éloigné de mon parent était venu pour le traitement de sa femme. La femme est morte, et naturellement mes parents ont dû montrer toutes sortes de deuils. Ils n'étaient vraiment pas du tout concernés par cela. En fait, ils étaient heureux qu'elle soit partie car, avec elle, toute la famille souffrait inutilement. Dès qu'elle est morte, son mari est retourné dans sa ville, mais les gens venaient à la maison. C'était juste une conformité, un modèle social, pour montrer votre sympathie.

Alors la femme de la maison était dans le pétrin, parce que quand vous n'avez pas de larmes ... c'est très difficile. Et chaque jour, cela peut arriver dix fois.

J'avais l'habitude de rester dans le jardin. Elle m'a dit : "Garde une cloche sur toi."

J'ai dit, "Pour quoi ?"

Elle a dit : "Chaque fois que quelqu'un vient, il suffit de sonner la cloche. Alors je baisserai mon ghoonghat et je me mettrai à pleurer. Ce sera faux, mais que faire d'autre ?"

Le sari a aussi cette grande qualité. Vous pouvez baisser votre ghoonghat ... à l'intérieur, vous ne pleurez peut-être pas mais vous pouvez faire semblant d'être dans une immense tristesse et misère.

J'ai dit, "C'est une excellente stratégie. Mais méfiez-vous de moi."

Elle a dit : "Que voulez-vous dire ?"

J'ai dit : "Je peux sonner chez la mauvaise personne."

Elle a répondu : "Non, vous ne devriez pas faire ça. J'ai été harcelée, torturée, pendant des mois pour m'occuper de cette femme, qui n'était qu'une parente éloignée." Mais en Inde, les parents éloignés sont toujours des parents.

Parfois, on ne sait pas dans quelle mesure une personne est un parent, mais il faut s'occuper d'elle si elle prétend l'être. Un cousin de vos cousins...

J'ai dit, "ne t'inquiète pas".

Elle avait l'habitude de rester à l'intérieur de la maison. Quand quelqu'un arrivait, je lui donnais simplement la sonnette, et elle descendait immédiatement son ghoonghat. Il n'y a pas de mot pour ghoonghat en anglais - il fait partie du sari. Mais vous comprenez tous de quoi il s'agit. Cela signifie que vous baissez un peu votre tente pour que votre visage soit caché, pour que personne ne puisse voir ce qui se passe réellement sur votre visage. Et vous pouvez prétendre n'importe quoi.

Alors pendant quelques jours, je me suis débrouillé. Un jour, son mari est venu et j'ai sonné la cloche. C'était tellement hilarant que même aujourd'hui je ne peux l'oublier. Elle a baissé sa tente et s'est mise à pleurer comme si quelqu'un était mort. Le mari a dit : "Quelqu'un est encore mort ?"

Elle regarda à travers le ghoonghat, et voyant que c'était son mari, elle dit : "Non, c'est...". Je savais qu'il allait me tromper un jour, mais je n'aurais jamais pensé qu'il te choquerait. Où est-il ?"

Ils sont sortis tous les deux et elle a dit : "Ce n'est pas bon. Mon mari ne vient pas dans la maison pour compatir ou faire son deuil."

J'ai dit : "Il avait l'air si triste que j'ai pensé que quelqu'un avait dû mourir. Et il vaut mieux vous faire savoir que votre mari a l'air très triste. Ce n'est pas le moment de désirer un mot d'amour ; c'est le moment de pleurer et de pleurer avec lui."

Le mari a dit : "Comment ça, j'avais l'air triste ?"

J'ai dit : "Ne me provoquez pas. Par nature, votre visage est tel qu'on dirait que quelqu'un est mort. Je n'ai pas l'habitude de le dire, car à quoi bon ? Vous n'êtes pas responsable. C'est le visage que vous avez."

Il a dit : "Vraiment, j'ai l'air si triste ?"

J'ai dit : "Vous pouvez demander à n'importe qui. Je peux amener quelques témoins du quartier. Tout le monde sait que vous êtes très triste, très sérieux et inquiet."

Il a dit : "Pas besoin d'amener les voisins" - car il savait que je convaincrais quelques personnes. "Je vais essayer d'améliorer mon visage. Je vais essayer de rire et de sourire de temps en temps."

Je lui ai dit : "Il ne s'agit pas d'essayer. D'abord, rasez votre moustache. Tu as une drôle de moustache qui te donne l'air d'un clown."

Il a dit : "Tu vis dans ma maison et tu crées toujours des problèmes. Maintenant, j'aime ma moustache, je ne peux pas la raser."

J'ai dit : "C'est à toi de décider. Mais c'est ce qui donne à ton visage un air si triste. Achète une fausse moustache. Colle-la chaque fois que tu veux une moustache, mais cette moustache ne fera pas l'affaire." Il avait certainement une moustache, tombant sur tout le visage.

Mais tout le monde a des visages différents, et c'est devenu presque un processus autonome ; ils n'ont pas besoin de changer. Il suffit de voir un homme marcher avec sa femme et vous savez avec qui il marche. Vous n'avez pas besoin de demander : "Êtes-vous marié ?" Et regardez-le avec sa petite amie et encore une fois vous n'avez pas à demander. Juste leurs visages, avec tant de liberté, de joie - momentanée, mais même un phénomène momentané les rend heureux, change leurs visages.

Un chercheur, selon Dogen, doit se souvenir de son intégrité. En toute situation, sa pratique et son expression doivent être identiques.

EXPRIMER LA VOIE TOUTE LA JOURNÉE, C'EST PRATIQUER LA VOIE TOUTE LA JOURNÉE.

POUR EXPRIMER LE CHEMIN TOUTE LA JOURNÉE ....
Je vous ai dit que vous êtes tous des bouddhas. À contrecœur, vous l'acceptez. Au fond de vous, vous savez qui vous êtes. Quelqu'un est un médecin, quelqu'un est un avocat, quelqu'un est un rickshaw walla. "Un Bouddha tirant un pousse-pousse ? Mon Dieu, ça n'est jamais arrivé." Mais parce que je le dis, et que vous m'aimez, et que vous me faites confiance, vous dites, "Ok." Pour l'instant, du moins à l'intérieur du Buddha Hall, vous ne serez pas autorisés à apporter votre pousse-pousse ou votre vélo de location.

Quel mal y a-t-il à être un bouddha ? Mais une fois sorti de la salle, vous commencez à avoir des doutes : "Où vais-je ? Je suis un bouddha ? Alors qu'est-ce que je fais en fumant une cigarette ?" Maintenant, pensez-y - un bouddha fumant une cigarette ? C'est inconcevable.

Si vous voulez connaître votre moi essentiel, vous devez l'exprimer tout au long de la journée, dans la moindre de ses expressions. Peu importe - même si vous tirez un rickshaw, vous pouvez le faire avec une profonde compassion, avec amour, avec respect pour le passager, avec attention pour les autres personnes dans le trafic.

Je rends la bouddhéité simple et en même temps très compliquée. Il est très facile de s'asseoir sous un arbre de la bodhi dans la posture du lotus et de déclarer au monde : "Je suis un bouddha." La réalité, c'est lorsque vous êtes assis aux côtés de votre femme, en ayant constamment peur : "On ne sait jamais quand elle va commencer à râler."

Quand je vous racontais hier l'histoire de "Nag, nag, nag", Miyah Farookh tirait le sari de Zareen, et chaque nag lui rappelait : "Sache juste ce que tu as fait toute ta vie".

C'est un enfant très unique. C'est malheureux qu'il manque ces deux jours, sinon il aurait pu en profiter. Quand, dans une histoire, le soleil dit à Mikhaïl Gorbatchev, "Maintenant je suis à l'Ouest - va te faire foutre !"

Il s'est roulé par terre. Il a compris que c'était génial. Et lorsque je racontais l'histoire d'un avocat - qu'il est un lion au tribunal - avant même que je puisse le dire, je l'ai entendu dire silencieusement : "A la maison, c'est un rat." Mais chaque mari est dans la même situation.

Nous avons besoin d'un monde ... un nouvel homme, une nouvelle femme, un nouvel enfant, qui a de l'intelligence. Pas pour imiter, pas pour tromper, mais pour se tenir debout tout seul avec puissance et intégrité. Même si cela signifie qu'il sera condamné par le monde entier, cela n'a pas d'importance. Ce qui compte en définitive, c'est que vous ayez votre propre visage.

EN D'AUTRES TERMES, NOUS PRATIQUONS QUELQUE CHOSE D'IMPRATICABLE ET EXPRIMONS QUELQUE CHOSE D'INEXPRIMABLE.

Souviens-toi de cela. Lorsque vous arrosez le rosier, rappelez-vous que sa beauté, ses fleurs, sa verdure sont si profondes, mais qu'elles sont inexprimables. N'oubliez jamais que cette expérience de la beauté est aussi inexprimable que l'expérience de votre propre personne. Si vous observez, vous trouverez dans votre vie, à chaque instant, des choses inexprimables. Vous vous êtes simplement habitué. Cette accoutumance n'est qu'un oubli.

Socrate s'est souvenu au dernier moment de sa vie : "Je ne sais rien. Que les générations futures se souviennent que je ne savais rien."

Il fut proclamé par l'oracle de Delphes comme l'homme le plus sage du monde entier. Les personnes qui avaient entendu l'oracle allèrent trouver Socrate avec une grande joie pour lui dire ce que l'oracle avait dit. Socrate leur dit : "Je t'en prie, va dire à l'oracle que cette fois-ci, il s'est trompé. Pour autant que je sache, je ne sais rien."

Le peuple était triste. Ils retournèrent à Delphes et racontèrent à l'oracle ce que Socrate avait dit. "Il dit : 'Je ne sais rien du tout', et vous l'appelez l'homme le plus sage du monde.

L'oracle rit et dit : "C'est exactement pour cela que je l'appelle l'homme le plus sage du monde - parce qu'il est arrivé au point où il sait qu'il ne sait rien."

C'est seulement dans cet espace que votre potentialité s'épanouit dans sa totalité. Ce n'est pas de la connaissance - c'est si profond que vous pouvez l'appeler un battement de cœur, ou, peut-être plus profondément, vous pouvez l'appeler le battement de cœur de l'univers lui-même.

Mais vous ne pouvez pas appeler ça de la connaissance. Et il n'y a aucun moyen de l'exprimer.

Si vous pouvez vous en souvenir dans vos affaires quotidiennes... Pensez-vous connaître votre enfant ? Avez-vous déjà pensé que votre enfant est passé par vous, mais qu'il est un mystère venu de l'au-delà ?

Vous ne pouvez pas le posséder. Vous pouvez prendre soin de cette mystérieuse expression de la vie, vous pouvez l'aimer.

Mais vous ne devez pas le conditionner, vous ne devez pas l'emmener à l'église, à la synagogue ou au temple pour commencer le processus de conditionnement qui détruit son innocence et lui enlève son authenticité.

J'ai entendu parler d'un rabbin et d'un évêque. Ils vivaient l'un à côté de l'autre et étaient tous deux très compétitifs. Ils devaient l'être, pour convaincre leurs congrégations : "Qui est le plus grand ?" Un jour, le rabbin a regardé par-dessus la clôture et n'a pas pu croire ce qu'il a vu. L'évêque versait de l'eau sur une Cadillac.

Il a dit : "Qu'est-ce que tu fais ?"

L'évêque dit : "Je donne la cérémonie chrétienne à ma nouvelle Cadillac - le baptême. Vous n'êtes pas au courant de ces choses."

Le rabbin était très humilié. Le lendemain, il a trouvé une Rolls Royce. C'était une question, non seulement de lui-même mais aussi de sa religion. Quand l'évêque était dans son jardin, il est sorti avec des cisailles de jardin et a commencé à couper le tuyau d'échappement. L'évêque est choqué. Il lui dit : "Que faites-vous ? Une nouvelle Rolls Royce et vous la détruisez."

Le rabbin a dit : "Tu ne comprends pas ces choses. Cela s'appelle la circoncision. A partir de maintenant, cette Rolls Royce est juive."

C'est ce que nous faisons même aux êtres humains. Nous ne permettons pas à un enfant d'être lui-même. Et c'est ce qui cause toute la misère du monde : personne n'est lui-même. Tout le monde imite quelqu'un d'autre, tout le monde est devenu la copie conforme de quelqu'un d'autre, tout le monde est presque comme un disque rayé qui a été utilisé pendant des siècles. Personne n'a de nouveauté, de fraîcheur - sa propre originalité.

Rappelez-vous, lorsque vous voyez un enfant, qu'il est aussi inexprimable que vous. Quand vous voyez un pin, ne l'oubliez pas.

C'est ce que Dogen veut dire... pratiquer une vraie religion ; se souvenir dans chaque action, pensée, silence, toujours, que c'est inexprimable, c'est mystérieux ; que nous vivons dans un monde de miracles. Toutes nos explications ne sont que des consolations. Rien n'est expliqué, ni par la science ni par la religion. Pendant des milliers d'années, la religion a essayé de tromper les gens en leur donnant des explications sur la création du monde, sur Dieu - comment il a créé le monde en six jours, comment il a enlevé le paradis de l'homme et de la femme. À moins que vous ne soyez très torturé envers vous-même, vous ne serez jamais autorisé à retourner dans le jardin. Et les gens y ont cru, les gens ont vécu en fonction de cela.

Les différentes religions ont propagé différentes superstitions. Maintenant, lentement, la science est venue prendre la place de la religion. Mais savez-vous que toute explication scientifique est momentanée ?

Ce qui est dit aujourd'hui peut ne plus l'être demain. Chaque recherche s'approfondit, et les anciennes explications deviennent obsolètes. Les anciens médicaments qui étaient censés aider les gens se révèlent être nocifs pour eux. Mais tant que les superstitions perduraient, tout le monde y croyait, même les médecins.

C'est vrai pour ce qu'ils croient encore aujourd'hui, parce que demain, ce ne sera peut-être plus la même chose. Aujourd'hui, nous sommes pleins de superstitions scientifiques. La science n'a pas changé l'être de l'homme. Tout comme la religion a échoué, la science n'a pas réussi à lui rappeler que tout est un immense mystère. L'effort même de trouver une explication est erroné - aimez-le simplement, vivez-le, dansez-le. Ne perdez pas votre temps à chercher des explications.

C'est l'attitude zen.

LA VIE DE CHAQUE JOUR DOIT ÊTRE ESTIMÉE ; Avez-vous déjà estimé votre vie ? ... LE CORPS DOIT ÊTRE RESPECTÉ.

Respectez-vous votre corps ? Il vous a servi pendant soixante-dix ans sans aucun salaire, sans faire grève, sans prendre une morcha - une marche de protestation - contre vous. Mais vous n'avez même pas pensé qu'un certain respect lui est dû, que votre corps a besoin d'être valorisé.

DONC, SI NOUS POUVONS VRAIMENT OBTENIR LA FONCTION BOUDDHISTE MÊME EN UN JOUR, ON PEUT DIRE QUE CE SEUL JOUR A PLUS DE VALEUR QUE D'INNOMBRABLES VIES OISIVES.

C'est pourquoi je dis que chaque soir, ces quelques instants sont les moments les plus précieux de votre vie. Et chaque soir, lorsque tant de bouddhas vivants se réunissent ici, ce lieu devient le plus important du monde entier - la capitale spirituelle du monde. Parce qu'il n'y a nulle part autant de personnes qui méditent ensemble. Nulle part il n'y a autant de gens qui creusent si profondément qu'ils peuvent trouver la source même de la vie, l'éternité, l'immortalité.

Dogen a raison. Même si nous pouvons vivre un jour, seulement vingt-quatre heures, comme un bouddha - en nous rappelant continuellement que chacune de nos actions doit refléter un bouddha - ce seul jour devient plus précieux que des milliers de vies. Et si vous pouvez le faire pendant une journée, qui vous empêche de le faire tous les jours ? Si vous pouvez être un bouddha ici, pourquoi ne pouvez-vous pas être un bouddha ailleurs ? Il s'agit simplement d'être vigilant, respectueux de l'existence, aimant ; d'être totalement satisfait des fleurs, des oiseaux, des arbres, des étoiles. Un univers aussi formidable vous est donné et vous n'y prêtez jamais attention. Vous ne lui témoignez jamais votre gratitude. Toute la beauté de l'existence est à votre disposition, et vous lisez un journal jaune de troisième ordre que vous lisez depuis le matin. Et n'ayant rien d'autre à faire, vous recommencez à le lire.

Il se trouve qu'un homme vivait à côté de chez moi. Il était retraité, sénile, et tout le monde le pensait fou, sauf moi. Il était très amical envers moi. Sa seule histoire d'amour était le journal, et comme beaucoup de journaux me parvenaient, il venait tous les matins - parfois, alors que je n'étais même pas réveillée, il frappait. Et je lui donnais n'importe quoi - des magazines vieux de dix ans - et il disait "Merci".

J'étais stupéfait. Je lui ai dit : "Vous savez parfaitement que ce magazine a dix ans."

Il a répondu : "Qu'est-ce que cela peut faire ? Pour moi, c'est nouveau, je ne l'ai jamais lu auparavant. Les gens me croient fou. Vous pensez que je suis fou ?"

J'ai dit : "Certainement pas, votre argument est tout à fait juste. Pour vous, il n'a pas dix ans, il est tout frais, car vous ne l'avez pas lu."

Mais il me rappelait que toute sa préoccupation était les journaux. Dans une journée, il venait deux, trois fois pour me demander : "Y a-t-il du nouveau ? Le journal du soir ?"

Je lui ai demandé : "Le journal est-il le monde entier ?"

Il a dit : "Que faire d'autre ? Je suis à la retraite de mon travail. Les gens pensent que je suis fou, alors je n'ai pas de vie sociale. Les gens m'évitent. Vous êtes la seule personne qui accepte de me parler, qui me respecte, qui m'accepte comme un être humain. Et qu'y a-t-il d'autre ? J'attends seulement la mort."

Le jour où il m'a dit : "Je n'attends que la mort", j'ai commencé à penser à tout le monde - Que faites-vous ? Quelqu'un dirige une entreprise, quelqu'un accumule de l'argent, quelqu'un devient plus puissant en politique.

Mais comprenez-vous que vous allez vers la mort ? À chaque instant, la mort se rapproche de plus en plus. Et avez-vous rassemblé quelque chose que vous pourrez emporter avec vous lorsque vous mourrez ?

À l'exception de la méditation, vous ne pouvez emporter aucune de vos possessions avec vous. Tout ce qui est extérieur à vous sera laissé derrière vous. Seule la flamme intérieure... si vous l'avez trouvée, si vous en avez pris conscience, alors il n'y a pas de mort pour vous. Mais si vous n'en êtes pas conscient, vous penserez aussi, comme les autres, que vous êtes mort.

C'est simplement une question de réflexion. Si vous vous connaissez exactement, vous n'êtes jamais mort. Mais vous n'allez jamais vers l'intérieur. Vous avez simplement oublié qu'un immense espace vous attend, et que c'est votre véritable foyer. Tous nos efforts ici, dans cette salle du Bouddha, sont des efforts pour vous faire connaître à nouveau votre vraie maison, qui ne sera pas brûlée sur un bûcher funéraire, qui restera jusqu'à l'éternité, sous différentes formes ou dans l'informe. C'est votre bouddhéité.

Mais pour en faire un souvenir constant, il faut s'astreindre à une certaine discipline. Cette discipline est simple : se souvenir toujours que tout est un miracle, que tout est inexprimable. Le monde entier est si mystérieux qu'il n'est pas nécessaire de lire des romans policiers ou d'aller voir des films.

Si vous pouvez comprendre ce silence, vous aimerez trouver des espaces où vous pourrez vous taire encore et encore. Si vous pouvez toucher les eaux de la vie en vous, vous aimerez... dans toute votre journée, chaque fois que vous pourrez trouver un moment, en sirotant votre thé... vous aimerez regarder à l'intérieur, pour voir si ces eaux de la vie coulent toujours. On s'habitue, lentement, à l'éternité de soi.

Mais que vous le sachiez ou non, il est là.

UN TEL JOUR EST UN TRÉSOR TROP PRÉCIEUX POUR ÊTRE COMPARÉ À UN BEAU BIJOU. LES ANCIENS SAGES LE TENAIENT PLUS CHER QUE LEUR CORPS ET LEUR VIE.

NOUS DEVONS PENSER TRANQUILLEMENT QU'UN BEAU BIJOU ET UNE PIERRE PRÉCIEUSE RARE, BIEN QUE PERDUS, PEUVENT ÊTRE ACQUIS À NOUVEAU, MAIS QU'UN SEUL JOUR DANS CENT ANS DE VIE, UNE FOIS PERDU, NE REVIENT JAMAIS.

Rappelez-vous que pas un seul instant ne reviendra entre vos mains. Ce qui est parti est parti pour toujours.

Prenez le jus entier de chaque moment. L'instant disparaîtra, mais le jus, l'expérience, le mystère, le parfum de cet instant vous entoureront. Et chaque jour, il deviendra de plus en plus profond, de plus en plus épais. Un jour viendra où vous n'aurez plus peur de déclarer que vous êtes un bouddha.

Cela viendra tout seul, spontanément ; un éclair soudain et vous direz : "Mon Dieu - qu'est-ce que j'ai fait jusqu'à présent ? Je suis un bouddha et l'univers entier est ma maison. Autant j'en ai besoin, autant il a besoin de moi."

Nous faisons partie d'un immense mystère.

QUELLE QUE SOIT NOTRE HABILETÉ, IL EST IMPOSSIBLE DE FAIRE REVENIR NE SERAIT-CE QU'UN SEUL JOUR DU PASSÉ. AUCUN LIVRE D'HISTOIRE NE DIT QUE C'EST POSSIBLE.

POURQUOI LE TEMPS NOUS PRIVE-T-IL DE NOTRE FORMATION, QUOTIDIENNE ET PERMANENTE ? POURQUOI LE TEMPS NOUS EN VEUT-IL ? C'EST, MALHEUREUSEMENT, PARCE QUE NOUS AVONS TOUJOURS NÉGLIGÉ NOTRE PRATIQUE.

SANS PENSER À DEMAIN À CHAQUE INSTANT, TU DOIS PENSER UNIQUEMENT À CE JOUR ET À CETTE HEURE. PARCE QUE DEMAIN EST DIFFICILE ET INDÉTERMINÉ, ET DIFFICILE À CONNAÎTRE, TU DOIS PENSER À SUIVRE LE CHEMIN PENDANT QUE TU VIS AUJOURD'HUI.

En fait, le lendemain n'est pas certain : il peut venir, il peut ne pas venir. Ceux qui savent ont même dit que demain ne vient jamais. Ce qui vient, c'est toujours aujourd'hui. Alors faites ce que vous voulez faire en ce moment. Saisissez la source de votre vie, car demain il sera peut-être trop tard. Il est déjà tard.

VOUS DEVEZ VOUS CONCENTRER SUR LA PRATIQUE ZEN SANS PERDRE DE TEMPS, EN PENSANT QU'IL N'Y A QUE CE JOUR ET CETTE HEURE. APRÈS CELA, CELA DEVIENT VRAIMENT FACILE. VOUS DEVEZ OUBLIER LE BIEN ET LE MAL DE VOTRE NATURE, LA FORCE OU LA FAIBLESSE DE VOTRE POUVOIR.

Acceptez simplement ce que vous êtes, et appréciez, savourez, chantez et dansez comme vous êtes. L'acceptation est une gratitude envers l'existence. Tout ce que vous n'acceptez pas signifie que vous blâmez l'existence. Dans toutes vos prières, et dans toutes vos maisons de prière, que faites-vous ? Vous demandez à Dieu, comme un mendiant, "Donne-moi ceci, donne-moi cela". Vous ne faites pas confiance à l'existence, vous exigez. Exiger n'est pas une qualité de la conscience religieuse. Par conséquent, la vraie religion n'a aucune façon de prier. Elle vit seulement, et vit de telle manière que la vie même devient une gratitude.

Un haïku par Choshu :
LA LUNE DANS L'EAU ;
BRISÉ ET ENCORE BRISÉ,
IL EST TOUJOURS LÀ.

Il est presque incroyable de voir comment les poètes zen ont dit les choses. Aucune autre langue n'a été capable de s'élever à de tels sommets. Ce que Choshu dit :

LA LUNE DANS L'EAU ;
BRISÉ ET ENCORE BRISÉ

... parce qu'à chaque fois que le vent arrive, une vague arrive, la lune est brisée en mille morceaux. Mais à nouveau le lac devient silencieux et tous les morceaux brisés partout dans le lac commencent à se rassembler à nouveau. Parce qu'elle est un reflet, la lune n'est jamais brisée, c'est seulement le reflet qui est brisé. Et parce que la lune n'est jamais brisée, il importe peu que son reflet soit brisé des milliers de fois.

Tous nos corps, tous nos esprits, toutes nos vies ne sont que des reflets de la vraie lune... brisée des milliers de fois. Pourtant, au plus profond de votre être, la lune est aussi pleine et aussi parfaite que jamais.

Issa a écrit :
LE PLUS JEUNE ROSSIGNOL QUI
CAN REJOICE
APPELLE SES PARENTS EN JAUNE
VOIX.

Maintenant, il ne faut pas s'inquiéter de ce qui est dit ; ces mots sont très indicatifs. Issa devait être en profonde méditation et il a entendu le rossignol se réjouir et appeler ses parents d'une voix jaune. Il ne dit rien sur le rossignol, il dit quelque chose sur son silence.

Lorsque vous êtes en silence et qu'un coucou des bambous se met à chanter, cela approfondit votre silence.

Et un autre poète :
QUOI QUE NOUS PORTIONS,
NOUS SOMMES BEAUX,

QUAND VOUS REGARDEZ LA LUNE.

La lune rend certainement tout beau. Par une nuit de pleine lune, on voit la beauté se répandre partout, même sur les plantes ordinaires. Les fleurs ordinaires brillent de joie. De petites flaques d'eau reflètent la pleine lune avec autant de profondeur que le plus grand océan.

Ainsi, peu importe le corps que vous avez ; que vous soyez homme ou femme, oiseau ou animal ; que vous soyez pauvre ou riche. Dans un espace silencieux, il suffit de regarder la lune et vous êtes rempli d'une immense beauté.

Cette beauté naît dans votre monde le plus intime. La lune la déclenche tout simplement.

Question 1 :

Maneesha a demandé :

NOTRE MAÎTRE BIEN-AIMÉ,

SOUVENT, LES IMAGES SURGISSENT D'ELLES-MÊMES PENDANT LE DISCOURS ET LA PHASE DE MORT DE LA MÉDITATION, ET RENDENT CE QUI SE PASSE PLUS FORT ET PLUS VIVANT. LA VISUALISATION PEUT-ELLE AIDER, OU PARCE QU'ELLE N'EST QUE DE L'IMAGINATION, EST-ELLE INUTILE ?

Maneesha, c'est absolument inutile. Aucune ondulation ne doit être autorisée. Le silence doit être absolument pur. Toute visualisation sera une perturbation, toute pensée vous distraira de votre être. Je le dis donc catégoriquement : tout est inutile pendant que vous méditez. La méditation vous emmène dans une direction différente, non pas de l'utilité mais de l'existence. Et toutes vos visualisations seront celles du monde que vous connaissez, vous ne pouvez pas visualiser quelque chose que vous ne connaissez pas. Et vous ne connaissez pas votre propre moi, vous ne connaissez pas le ciel intérieur, donc vous ne pouvez pas le visualiser. Et une fois que vous le connaissez, vous n'avez plus besoin de le visualiser, il est entre vos mains. Vous n'êtes plus pauvre, vous êtes devenu la personne la plus riche du monde - sans rien avoir.

La méditation, peut-être, est la seule alchimie qui peut transformer un mendiant en empereur.

Avant de devenir des empereurs, avant de redevenir des bouddhas ce soir, vous devez vous souvenir un peu d'hier. Vous connaissez le chemin. Chaque jour, vous devez aller un peu plus loin, un peu plus profondément.

Quelques rires pour vous rendre léger, pour vous rendre insignifiant ....

On me reproche dans le monde entier, dans des articles, d'être un homme peu sérieux. Ils pensent qu'ils me condamnent - c'est un compliment. Ils ne comprennent pas que, pour moi, le sérieux est une maladie.

Et ne pas être sérieux, être ludique, prendre tout comme un amusement est, selon moi, la seule religiosité authentique.

Millicent Money-Butt est une femme extrêmement riche et extrêmement frustrée. Elle est particulièrement irritable aujourd'hui parce que cela fait des semaines que son mari, son chauffeur, son palefrenier ou qui que ce soit ne lui a pas fait l'amour. Décidant qu'elle a besoin d'évacuer son énergie, elle appelle son majordome, James, à l'étage pour lui faire couler un bain chaud.

James frappe doucement et entre dans sa chambre. Millie se tourne lentement vers lui et dit : "James, enlève ma robe, s'il te plaît."

"Oui, madame", dit le majordome, l'air un peu timide.

"Maintenant, James," dit Millie, "s'il te plaît, enlève mon soutien-gorge."

"Euh, oui, madame", dit le majordome choqué.

"Et maintenant, James," dit-elle avec du feu dans les yeux, "s'il te plaît, enlève ma culotte."

Puis s'approchant de lui, elle ordonne : "James, la prochaine fois que je te surprends à porter mes vêtements, tu seras viré !"

Jablonski se marie, mais ne sait pas quoi faire de sa promise le soir des noces. Le lendemain, il va donc demander conseil au docteur Gas-Bag.

"C'est facile", dit Gas-Bag, et emmène Jablonski à la fenêtre. Il montre deux chiens qui baisent dans la rue et dit : "Tu fais comme ça."

Une semaine plus tard, Jablonski revient. "Eh bien," demande le médecin, "comment ça s'est passé ?"

"Super, Doc", dit Jablonski, fièrement. "C'était simple, pas de problème du tout. Le seul problème était de faire sortir ma femme dans la rue !"

Olga et Kowalski vivent dans un appartement de Los Angeles, lorsqu'un jeune couple emménage à l'étage. Bientôt, chaque nuit, les Polonais entendent le bruit "She-BOOM ! She-BOOM !" venant de l'étage supérieur.

Olga est intriguée par ce bruit et demande un jour à la jeune femme ce que c'est.

"Oh, ça", répond la femme. "Nous avons fait installer un toboggan dans notre chambre. Je m'allonge au fond, les jambes écartées, et mon mari glisse vers le bas.... Elle-BOOM !"

Quelques jours passent et la jeune femme ne voit pas les Kowalski dans les parages. Elle apprend qu'Olga est à l'hôpital, alors elle va lui rendre visite.

"Qu'est-ce qui t'est arrivé ?" demande-t-elle.

"C'est une histoire triste", répond Olga. "Mon mari et moi avons également fait installer un toboggan dans notre chambre, mais nous n'avons pu l'essayer qu'une seule fois. Maintenant, j'ai subi trois opérations, et ils ne trouvent toujours pas Kowalski."

Kronski va s'engager dans l'armée, il va donc rendre visite à sa petite amie, Dilda, pour lui dire au revoir.

"Oh, chéri," s'écrie Dilda. "Je n'ai pas de photo de toi !"

Alors Kronski regarde dans ses poches, et tout ce qu'il a, c'est une photo de lui debout, nu. Il coupe la photo en deux, et lui donne la partie supérieure.

Ensuite, il va rendre visite à sa vieille grand-mère pour lui dire au revoir.

"Oh, mon garçon," dit sa grand-mère. "Tu ne peux pas partir sans me donner une photo de toi."

Kronski ne sait pas quoi faire, mais se souvenant que sa grand-mère est à moitié aveugle, il lui donne la moitié inférieure de la photo. Elle la regarde avec ravissement et dit : "Tout comme ton grand-père, Dieu ait son âme. Une belle barbe touffue, et sa cravate qui pend toujours d'un côté."

Maintenant... Nivedano ...

(Battement de tambour)

(Gibberish)

Nivedano ...

(Battement de tambour)

Soyez silencieux,

Fermez vos yeux,

vous avez l'impression que votre corps est gelé,

et rassemblez toute votre conscience vers l'intérieur,

de plus en plus profond.

Au plus profond, vous êtes le Bouddha.

Et ce bouddha

doit devenir toute votre vie.

Toutes les expressions, les actions,

doivent surgir de ce centre.

Ce centre est le centre de la transformation.

Chaque chercheur l'a cherché

à travers les âges.

C'est l'ancienne voie.

Sur ce chemin

des milliers de personnes se sont éveillées.
Il n'y a pas de barrière, sauf la peur -
la peur de l'inconnu.
Laissez tomber.
Il suffit de se précipiter vers elle sans aucune crainte -
c'est votre propre être.
Tu ne vas pas rencontrer quelqu'un d'autre
sur le chemin ...
il n'est pas question de peur.
Ce moment, cette soirée,
est béni par dix mille bouddhas
qui sont rentrés chez eux.
Nivedano ...
(Battement de tambour)
Relaxe... laisse-toi aller...
mourir au corps,
à l'esprit,
donc seulement une conscience lancinante
est laissé derrière.
C'est vous.
C'est moi.
C'est l'essence même de l'existence.
Juste un petit aperçu de ce silence,
une petite expérience de cette beauté,
de cette vérité,
et lentement toute votre vie
sera transformé
sans même que tu le saches.
Vos actions
vous commencerez à exprimer votre bouddhisme,
votre compassion,
ton amour, ta beauté.

Nivedano ...
(Battement de tambour)
Rappelez tous les bouddhas à la vie.
Asseyez-vous quelques instants...
en recueillant l'immense expérience,
en vous en assurant,
que vous l'avez.
Parce que tu dois le vivre.
Je ne suis pas un philosophe.
Et je ne suis pas un prêtre.
Je suis un homme qui aime énormément
avec la vie et l'existence.
Tout ce que je veux partager avec vous
c'est juste pour vous faire prendre conscience
que si je peux devenir un bouddha,
il n'y a aucune raison pour que vous ne puissiez pas le faire.
Nous n'avons que des corps différents
mais nous avons tous la même âme.
Si mon âme s'est enflammée,
qui m'a donné l'autorité de vous dire
que vous pouvez aussi vous enflammer.
Et ce feu est éternel.
Rappelez-vous-en dans chaque action,
dans chaque expression.
N'oubliez pas de ne pas vous comporter de quelque manière que ce soit
ce qui serait déshonorant pour un bouddha.
Cette petite discipline vous apportera
aux meilleures qualités de votre être,
à leur floraison.
Ok, Maneesha ?
Oui, Maître bien-aimé.

Peut-on célébrer dix mille bouddhas
et leur soirée ?
Oui, Maître bien-aimé.

Secrètement, un bijou dans sa robe

NOTRE MAÎTRE BIEN-AIMÉ,
DOGEN SAID :
QUAND HSUAN-SHA EST DEVENU ILLUMINÉ, IL A DIT AUX AUTRES MOINES, "L'UNIVERS ENTIER EST UN BRILLANT JOYAU DE L'ESPRIT DE BOUDDHA ....".
DOGEN A POURSUIVI :
CE JOYAU BRILLANT EST À L'ORIGINE SANS NOM, MAIS PROVISOIREMENT NOUS LUI AVONS DONNÉ UN TEL NOM. CE JOYAU EST ÉTERNELLEMENT IMMUABLE. VRAIMENT, NOTRE CORPS ET NOTRE ESPRIT, L'HERBE ET LES ARBRES ICI ET LÀ, OU LES MONTAGNES ET LES RIVIÈRES ENTRE LE CIEL ET LA TERRE - TOUT CELA N'EST RIEN D'AUTRE QU'UN JOYAU BRILLANT ....
IL EST ILLIMITÉ DU DÉBUT À LA FIN. APRÈS TOUT, L'UNIVERS ENTIER EST UN JOYAU BRILLANT, PAS DEUX OU TROIS. LE JOYAU ENTIER EST L'ŒIL DU BOUDDHA, LA VÉRITÉ ELLE-MÊME, UNE PHRASE DE VÉRITÉ, LA LUMIÈRE DE L'ILLUMINATION. LA FONCTION DE CE BRILLANT BIJOUX EST TELLEMENT CLAIRE QUE LES ÊTRES SENTIMENTAUX SONT SAUVÉS PAR Avalokitesvara OU MAITREYA D'AUJOURD'HUI, SIMPLEMENT EN VOYANT LEUR REGARD OU EN EN ENTENDANT LEUR VOIX ; ET AUSSI LES BOUDDHAS, ANCIENS ET MODERNES, EXPLIQUENT LE DHARMA AVEC LEUR CORPS.

UN SUTRA RACONTE QUE QUELQU'UN ÉTAIT ALLONGÉ, IVRE, LORSQUE SON GRAND AMI A COUSU UN BIJOU DANS SA ROBE, EN SECRET. NOUS NE DEVONS JAMAIS MANQUER DE DONNER CE BIJOU À NOTRE AMI INTIME.

NOUS NE SOMMES JAMAIS IVRES SANS QU'ON NOUS DONNE UN TEL BIJOU. UN TEL BIJOU BRILLANT EST IDENTIQUE À L'UNIVERS ENTIER.

PAR CONSÉQUENT, UN BIJOU BRILLANT EST LUI-MÊME UN BIJOU BRILLANT, QU'IL ROULE OU NON. NOTRE PRISE DE CONSCIENCE DE L'EXISTENCE D'UN TEL BIJOU EST ÉGALEMENT UN BIJOU EN SOI, TANT ELLE EST AUDIBLE ET VISIBLE. PAR CONSÉQUENT, IL NE FAUT PAS SE DEMANDER SI NOUS SOMMES UN BIJOUX BRILLANT.

QUE NOUS EN DOUTIONS OU QUE NOUS LE DISCERNIONS, CE N'EST QU'UN PETIT POINT DE VUE PROVISOIRE. POUR DIRE PLUS PRÉCISÉMENT : UN BIJOU BRILLANT NE PRÉTEND QU'À UN PETIT POINT DE VUE.

NOUS NE POUVONS NOUS EMPÊCHER D'ATTRIBUER UNE GRANDE VALEUR À CE BIJOU - TANT SA COULEUR ET SA LUMIÈRE SONT BRILLANTES. QUI POURRAIT L'ARRACHER ? QUI POURRAIT LE JETER SUR LE MARCHÉ, EN LE CONSIDÉRANT COMME UNE TUILE ?

NOUS NE DEVONS PAS NOUS INQUIÉTER DE SAVOIR SI NOUS TRANSMIGRONS DANS LES SIX ROYAUMES D'EXISTENCE SELON LA LOI DE LA CAUSALITÉ. UN JOYAU BRILLANT NE MET JAMAIS DE CÔTÉ LA LOI DE CAUSALITÉ DU DÉBUT À LA FIN. VOICI LE VISAGE D'UN BRILLANT JOYAU.

Maneesha, il n'y a qu'une seule expérience, mais il peut y avoir mille et une expressions. Pourtant aucune expression ne l'exprime. C'est sa beauté, c'est son immense richesse, c'est son infinité, son éternité.

Aucun mot ne peut s'en emparer. Mais l'homme qui rentre chez lui, qui le trouve, est aussi contraint par sa découverte de partager la joie, la chanson, le haïku - de dire quelque chose de ce qui ne peut être dit. C'est une contrainte absolue. Vous devez faire quelque chose pour que le monde entier prenne conscience de ce que vous avez trouvé. Parce que ce que vous avez trouvé, tout le monde peut le trouver, mais ils ont oublié le chemin.

Et il est si proche qu'au moment où vous fermez les yeux... un pas de plus vers l'intérieur et vous êtes arrivé.

Toutes ces anecdotes et dialogues zen disent la même chose, encore et encore. Mais ils le disent très joliment. De différents points de vue, de différentes attitudes, ils indiquent la même lune ...

en espérant que peut-être, si hier soir vous ne l'avez pas vu, aujourd'hui ce sera possible sous un autre aspect.

Le maître n'est rien d'autre qu'un grand espoir pour le disciple, il attend simplement que vous compreniez une chose simple qu'il ne peut vous livrer comme une matière car elle est immatérielle. Mais son caractère inestimable est tel qu'il ne peut pas non plus l'ignorer, il doit faire quelque chose pour vous provoquer et vous mettre au défi de chercher en vous. Toutes ces anecdotes ne sont que des provocations, des défis. Ces déclarations sont le fruit d'un amour et d'une compassion profonds, et non d'un esprit.

Il faut se souvenir de cela à propos de chaque anecdote, de chaque dialogue, de chaque petit haïku zen : le maître tente d'une certaine manière l'impossible. Et l'impossible se produit de temps en temps.

On ne peut donc pas le nier, et on ne peut pas dire que tout cela est futile... pas besoin de se préoccuper des autres. L'illumination apporte avec elle un immense amour pour tous ceux qui sont dans l'obscurité.

Ce n'est pas parce qu'ils se tiennent les yeux fermés et qu'ils pensent être aveugles que quelqu'un doit les inciter à ouvrir les yeux. Peut-être que leurs yeux ont été fermés pendant tant de vies. Ils ont complètement oublié qu'ils avaient des yeux, tant la poussière s'est accumulée.

Tout le travail du maître consiste à enlever la poussière et à vous lancer un défi pour que votre être le plus profond s'éveille. Et une fois qu'il sera éveillé, vous verrez que tous les efforts du maître étaient vains ; seule sa compassion était immense. Ses efforts étaient vains, car il n'y a pas de moyen direct d'exprimer l'inexprimable. Mais il a quand même essayé, sachant parfaitement qu'il est dans un voyage impossible.

Quand quelqu'un se réveille, il peut voir toutes les fautes du maître, mais elles n'ont pas d'importance. La seule chose qui compte, c'est une profonde gratitude envers cet homme incroyable qui a continué à répéter encore et encore, jour après jour, la même chose ; à frapper aussi fort que possible, parfaitement conscient qu'il est très rare qu'un homme reconnaisse sa bouddhéité. Mais comme il ne s'agit que d'une reconnaissance, il est possible que tout le monde reconnaisse un jour. Pourquoi pas aujourd'hui ? Il n'y a pas besoin de le remettre à plus tard.

D'une certaine manière, c'était plus facile dans le passé. Comme il y avait tant de bouddhas autour de nous, il semblait concevable que vous puissiez aussi être un bouddha. Malheureusement, ce n'est pas le cas aujourd'hui. Pour l'homme contemporain, le mot "bouddha" n'est qu'un mot. Il est très rare que vous rencontriez un bouddha dans toute votre vie. Et même si vous le rencontrez, vous ne serez pas capable de le reconnaître parce que vous avez complètement oublié la langue. Vous avez appris les voies de la matière tellement et si profondément, et elles se dressent comme un obstacle à votre vol spirituel vers la lune, vers le ciel immense qui est votre droit.

Quoi que disent les maîtres, rappelez-vous toujours : vous ne devez pas analyser les mots. Ce ne sont pas des traités pour les doctorants et les docteurs en littérature. Ce ne sont pas des paroles adressées à des spectateurs. Un seul spectateur dans ce champ de Bouddha et je peux reconnaître immédiatement un trou d'énergie.

Le jour où vous avez organisé une réunion de poètes, je me suis sentie très blessée, car je voyais que vous atteigniez chaque jour des sommets, mais ce jour-là, vous ne pouviez pas vous élever. Ces quelques poètes entraînaient toute l'énergie du domaine ; ils étaient comme un drainage. Je faisais des efforts, mais c'était impossible.

Ces personnes ne comprendront jamais qu'elles ont manqué une expérience extraordinaire parce qu'elles sont restées spectatrices. Ils ont regardé ici, ils ont regardé là, ils ne pouvaient pas croire ... Ils se murmuraient les uns aux autres, "Qu'est-ce qui se passe ?" Ils ne pouvaient pas faire un saut et participer, et à cause de ces quelques personnes, tout le champ énergétique a été déchiré, brisé.

J'ai dit à Neelam que cela ne devrait jamais se reproduire. Je ne veux pas qu'un seul spectateur soit présent sur ce terrain.

Pendant que je parle, vous devez être un participant, sinon ce n'est pas un endroit pour vous. Vous pourrez tenir vos réunions de poètes et autres divertissements sociaux après mon départ. Mais n'autorisez pas ces gens. Ce n'est pas leur faute, simplement ils ne savent pas ce qui se passe ici. Ils sont curieux, et leur curiosité ne leur permet pas de participer. Et parce qu'ils ne participent pas, la chaîne d'énergie qui vous relie tous ensemble en une seule et même conscience est brisée. Vous n'avez pas pu atteindre ce jour-là l'endroit... la hauteur qui devient de plus en plus grande.

Ces poètes ont essayé de faire comme s'ils participaient, mais c'était seulement "comme si". Ils ont fait du charabia, mais je pouvais voir que c'était juste une chose très superficielle pour eux. Ils le faisaient parce que tout le monde le faisait, et ne pas le faire aurait été un peu gênant. Ils étaient assis en silence, mais il n'y avait pas de silence. Ils se préparaient pour leurs poésies, pensant à ce qu'ils allaient réciter.

Quand je leur ai dit de se détendre, ils avaient l'air détendu comme tout le monde, mais il y avait une différence qualitative.

Quand on se détend, on connaît le but, le sens, la signification. Ils se détendaient juste parce que tout le monde se détendait. Mais même en se relaxant, ils ouvraient les yeux et regardaient autour d'eux : Quel genre de relaxation... ?

Tout l'effort consiste à oublier le monde entier. C'est pourquoi je dis même : " Laissez le corps, laissez l'esprit ", afin que vous puissiez distinguer clairement ce qu'est la conscience. Et cette conscience est le Bouddha.

Tant que vous êtes dans cette conscience, vous êtes au plus haut sommet de la vie. Le simple fait d'être libre sur ces hauteurs fait danser, chanter comme les oiseaux, s'épanouir comme les fleurs. Sans effort, cela se produit - spontanément. C'est pourquoi, après la méditation, je veux que vous restiez toujours assis pendant quelques minutes pour recueillir l'expérience, les hauteurs, le parfum de ces profondeurs, afin que vous puissiez continuer à rester lentement un bouddha tout au long de l'année.

Et rappelez-vous, une fois que vous êtes un bouddha, vous êtes toujours un bouddha. Personne n'est jamais tombé de ce point. C'est juste contre nature.

DOGEN SAID :

LORSQUE HSUAN-SHA EST DEVENU ILLUMINÉ, IL A DIT AUX AUTRES MOINES : "L'UNIVERS ENTIER EST UN BRILLANT JOYAU DE L'ESPRIT DU BOUDDHA".

Ce qu'il dit - ce que disent tous les bouddhas - c'est qu'au moment où l'on devient illuminé, on ne peut rien voir qui ne soit pas illuminé. Il voit les arbres qui se tiennent silencieusement dans l'illumination, et la lune, brillante dans l'illumination. Votre illumination fait de vous une conscience universelle - vous n'êtes plus séparé. Ce n'est pas vous qui êtes devenu illuminé ; pour vous, c'est l'univers qui est devenu illuminé. Et naturellement, avec un univers illuminé, vous ne pouvez pas mal vous comporter. Vous ne pouvez qu'être reconnaissant envers tout ce qui existe.

Même les nuits les plus sombres ne créent pas une plainte en vous, mais juste une paix profonde et une attente, car bientôt il y aura le matin. Plus la nuit est sombre, plus le soleil est proche. Mais la nuit elle-même est une joie. Le jour a ses propres joies. Chaque moment a sa propre saveur. Pour la personne éclairée, rappelez-vous, ce n'est pas qu'elle est éclairée. Au contraire, pour lui, l'existence entière est devenue éclairée... toute la lumière et toute la conscience, toute la vérité et toute la beauté.

La déclaration de Hsuan-Sha après son illumination...

L'UNIVERS ENTIER EST UN JOYAU BRILLANT DE L'ESPRIT DE BOUDDHA.

Rien n'est autre que le Bouddha.

DOGEN CONTINUE : CE BRILLANT JOYAU EST ORIGINELLEMENT SANS NOM, MAIS PROVISOIREMENT NOUS LUI AVONS DONNÉ UN TEL NOM.

Tout ce que nous disons sur l'expérience ultime n'est que provisoire, arbitraire. Ne vous disputez donc pas sur les mots et ne dépendez pas des mots. Aucun mot n'est absolument exact. Le langage est tout simplement bien en deçà. Ces hauteurs et ces profondeurs sont au-delà ; les mots ne peuvent les refléter. Seules la grande compassion du maître et sa brillance expriment quelque chose de l'inexprimable. Mais cela est si subtil qu'à moins d'être silencieux, totalement silencieux, vous ne pourrez pas le saisir.

CE JOYAU EST ÉTERNELLEMENT IMMUABLE. EN RÉALITÉ, NOTRE CORPS ET NOTRE ESPRIT, L'HERBE ET LES ARBRES ICI ET LÀ, OU LES MONTAGNES ET LES RIVIÈRES ENTRE LE CIEL ET LA TERRE - TOUT CELA N'EST RIEN D'AUTRE QU'UN JOYAU BRILLANT.

Tout n'est rien d'autre qu'une expression de l'esprit universel. Cet esprit universel, nous l'appelons "le Bouddha".

Il ne s'agit que d'un nom provisoire.

IL EST ILLIMITÉ DU DÉBUT À LA FIN. APRÈS TOUT, L'UNIVERS ENTIER EST UN JOYAU BRILLANT, PAS DEUX OU TROIS. LE JOYAU ENTIER EST L'ŒIL DU BOUDDHA, LA VÉRITÉ ELLE-MÊME, UNE PHRASE DE VÉRITÉ, LA LUMIÈRE DE L'ILLUMINATION.

La lumière qui irradie du Bouddha n'est qu'une phase. L'expérience est multidimensionnelle ; elle contient de la beauté, de la musique, de la vérité - elle contient tout ce qui est précieux, impérissable. La lumière a été choisie provisoirement pour l'exprimer ; elle n'en est qu'un aspect. Lorsque nous disons "l'illuminé", nous ne faisons qu'extraire une partie, un aspect de toute l'expérience, pour la représenter.

À CE MOMENT-LÀ, IL NE GÊNE JAMAIS L'ENSEMBLE, ET IL EST ROND ET ROULE.

LA FONCTION DE CE BRILLANT BIJOUX EST TELLEMENT CLAIRE QUE LES ÊTRES SENTIMENTAUX SONT SAUVÉS PAR LES Avalokitesvara OU MAITREYA D'AUJOURD'HUI, SI L'ON VOIT LEUR REGARD OU EN ENTEND LEUR VOIX ; ET AUSSI LES BOUDDHAS, ANCIENS ET MODERNES, EXPLIQUENT LE DHARMA AVEC LEUR CORPS.

Gautam Bouddha lui-même a dit : "Ce corps même est le Bouddha, et cette terre même est le paradis du lotus." Une fois que vous êtes éclairé, votre vision est si claire, et dans cette clarté, tout montre son esprit, sa vie, sa source. Et cette source est une, elle n'est pas deux, elle n'est pas trois.

UN SUTRA RACONTE QUE QUELQU'UN ÉTAIT ALLONGÉ, IVRE, LORSQUE SON GRAND AMI A COUSU UN BIJOU DANS SA ROBE, EN SECRET. NOUS NE DEVONS JAMAIS MANQUER DE DONNER CE BIJOU À NOTRE AMI INTIME.

Il dit simplement que cette expérience est impossible à donner, même à un ami intime. Vous pouvez la provoquer mais vous ne pouvez pas la donner ; ce n'est pas quelque chose entre vos mains. Elle se trouve dans le cœur même de votre ami intime. Vous pouvez créer des dispositifs... tout comme les chatouilles provoquent le rire, bien qu'il n'y ait aucun lien raisonnable entre les chatouilles et le rire.

J'ai connu une personne qui n'a pas besoin d'être chatouillée. De loin, on fait le geste, et ça suffit. Ici, il y a aussi une personne, tout le monde la connaît. Elle est assise comme un bouddha, mais si je fais ça maintenant...

(LE MAÎTRE SECOUE SES DOIGTS DANS UN GESTE DE CHATOUILLEMENT VERS AVIRBHAVA.

À CHAQUE FOIS QU'IL "CHATOUILLE", TOUT LE MONDE HURLE DE RIRE, ET LE MAÎTRE LUI-MÊME RICANE DERRIÈRE SES LUNETTES DE SOLEIL. IL ALTERNE SES GESTES DE CHATOUILLEMENT AVEC UNE SÉRIE DE MOUVEMENTS DE MAIN POUR NOUS CALMER ... JUSQU'À LA PROCHAINE EXPLOSION DE RIRE).

Et où est Anando ?

(LE MAÎTRE, REPÉRANT ANANDO, COMMENCE À AGITER SA MAIN DANS SA DIRECTION ET RIT LUI-MÊME. D'AUTRES VAGUES DE RIRES).

C'est Anando, je pourrais voir.

C'est la seule façon d'obtenir la bouddhéité : le maître doit chatouiller. Maintenant, voyez-vous l'effet ? Je n'ai même pas chatouillé Avirbhava, ni Anando, et vous riez tous !

(D'AUTRES "CHATOUILLES" ET D'AUTRES RIRES S'ENSUIVENT).

Ce chatouillement est appelé, dans les sutras, LA GRANDE TRANSMISSION. Je n'ai même pas touché...

(IL "CHATOUILLE" PLUSIEURS PERSONNES EN RIANT, ET TOUT LE MONDE EST À NOUVEAU ENTRAÎNÉ AVEC LUI).

Le maître ne peut créer qu'un appareil. L'appareil n'a aucun lien logique. Maintenant tu vois pourquoi tu ris ? Bien sûr, Avirbhava, au moins, est chatouillé de loin - par télécommande. Mais pourquoi riez-vous ? J'ai une télécommande...

(LE MAÎTRE FAIT UNE DÉMONSTRATION DE SA TÉLÉCOMMANDE SUR AVIRBHAVA, ET NOUS RIONS TOUS ENCORE UN PEU. IL RIT, PUIS LUI FAIT SIGNE DE RESTER TRANQUILLE).

Calme-toi. Assieds-toi comme un bouddha... ferme les yeux (IL GLOUSSE)... regarde à l'intérieur.

(NOUVEL ÉCLAT DE RIRE.)

Un poète zen a écrit :

VOIR SON VISAGE
MAIS UNE FOIS,
SE SOUVENIR DE SON NOM
UN MILLIER D'ANNÉES.

Il parle de son maître. Une fois que vous avez vu le visage du maître, vous ne pouvez pas l'oublier pendant des milliers d'années, parce que dans ce petit moment vous vous êtes vu vous-même. Un maître est, tout au plus, un miroir. Il peut vous montrer votre visage si vous vous approchez. Et toute la vie de disciple n'est rien d'autre que de s'approcher de plus en plus près, de sorte que vous puissiez voir dans les yeux de votre maître, dans ses gestes, votre propre bouddhéité.

VOIR SON VISAGE
MAIS UNE SEULE FOIS,
SE SOUVENIR DE SON NOM
UN MILLIER D'ANNÉES.

Un autre poète zen :

INVITATIONS EN UN SEUL APPEL
CENT CAMARADES ;
UN SOURIRE NOUS ATTEND
DIX MILLE ADMIRATEURS.

Vous venez de le voir. Voulez-vous le revoir ?

(LE MAÎTRE COMMENCE À "CHATOUILLER" À NOUVEAU PROVOQUANT DES VAGUES DE RIRES, AVEC QUELQUES GLOUSSEMENTS DE SA PART).

J'ai deux télécommandes - une pour Avirbhava et l'autre pour Anando.

Où qu'ils soient dans l'univers... il suffit de les chatouiller pour qu'ils rient. Et avec eux, d'autres riront sans raison.

Je veux que vous compreniez : l'illumination est si légère, si aimante, si paisible - comme un rire. Les théologiens l'ont rendue si lourde, si pesante, que les gens l'ignorent. L'illumination doit être en même temps un divertissement.

Cela me rappelle la dernière phrase de J. Krishnamurti avant sa mort, il y a quelques mois à peine. C'était une personne très sérieuse, et c'était son seul défaut. Il était illuminé, mais il prenait l'illumination comme une affaire sérieuse. Il voyait qu'il était illuminé et que personne d'autre ne l'était. Et il s'efforçait de rendre les gens éclairés... évidemment.

Pendant soixante-dix ans - il est mort à l'âge de quatre-vingt-dix ans - pendant soixante-dix ans, à partir de l'âge de vingt ans, il avait travaillé sur les gens, et pas une seule personne n'était devenue éveillée. Vous pouvez comprendre son sentiment d'échec profond et sa tristesse ... de plus en plus grave, presque une maladie.

Et la raison est claire dans sa dernière déclaration : "Les gens ne prennent pas l'illumination au sérieux, ils pensent que c'est un divertissement." Et c'est là que je ne suis pas d'accord. L'illumination ne peut être autre chose qu'un divertissement... un divertissement universel, un rire qui ne connaît pas de limites, pas de frontières. Vous riez, et les arbres rient, et les coucous rient, et les nuages rient, et les étoiles rient, et le rire continue à se répandre parce que tout le monde déclenche tout le monde. Vous n'avez pas besoin de déclencher, votre rire suffira pour que quelqu'un d'autre commence à rire.

J'aime J. Krishnamurti, et j'aime son dur effort de soixante-dix ans sans interruption, mais je suis absolument contre son attitude. Il en faisait une affaire sérieuse. C'était la faute de tous les anciens prophètes.

C'est pourquoi vous ne trouverez pas de statue de Mahavira riant. Quel monde misérable, vous ne permettez même pas à Mahavira de rire. Vous ne trouverez pas de statue de Gautam Bouddha en train de rire. Même si Gautam Bouddha riait, les gens n'en croiraient pas leurs yeux ou leurs oreilles : "Que se passe-t-il ? Un homme aussi sérieux..."

Mais vous ne comprenez pas que lorsque le mental est parti, vous êtes juste comme un petit enfant. Le rire surgira sans aucun effort de votre part. Au moins, je suis une rupture avec tout le passé, et à l'avenir, je veux que mon peuple soit des bouddhas rieurs. Les sérieux, nous en avons assez vu, ils n'ont pas réussi à transformer l'humanité. Essayons une autre direction - celle de l'insouciance.

UN APPEL INVITE CENT CAMARADES .... Un bouddha - rien que sa présence - attire magnétiquement mille bouddhas, dix mille bouddhas. Il s'agit de savoir à quel point votre illumination est grande, à quel point votre compassion et votre amour sont grands, et à quel point vous avez pris cela à la légère.

Personne n'aime les gens sérieux.

Avez-vous déjà pensé que tous les saints sont sérieux ? C'est très bien d'aller toucher leurs pieds ... et d'en finir. Personne ne veut de leur compagnie. Ces gens iront au paradis - ne l'oubliez pas. Le paradis est surpeuplé de saints. Si vous voulez le bon type de personnes, allez à l'autre endroit, où vous trouverez des poètes, des peintres, des danseurs et des musiciens.

Je vais particulièrement à l'autre endroit. Alors n'oubliez pas que celui qui m'accompagne fera un grand voyage et rencontrera des gens formidables. Aucun saint n'a été d'une quelconque valeur - aucune créativité, aucune poésie, aucune peinture. Toutes ces personnes qui ont été des créateurs, qui ont rendu ce monde un peu plus beau, un peu plus vivable, sont réunies dans l'autre lieu.

Friedrich Nietzsche a dit que Dieu est mort, mais il n'a pas dit pourquoi il est mort. Il doit être mort, entouré de tous ces idiots, éternellement puants... parce que la plupart d'entre eux ne prennent pas de bain, ne se lavent pas la bouche. Le rire est absolument inconnu au paradis, le pauvre Dieu ne pourrait pas survivre.

Alors je vous préviens, prenez garde ! Si par hasard vous arrivez aux portes du ciel - refusez. N'entrez pas. Demandez le chemin vers l'autre lieu. Je vous y attendrai. Demandez-moi et cela suffira.

CRY
APRÈS CRY
APRÈS LE CRI DE JOIE -
NOT MINDING
LES CHEVEUX
TURNING WHITE

Ce poète zen dit que même les pleurs sont si beaux, si légers, si dégrisants.

CRY
APRÈS CRY
APRÈS LE CRI DE JOIE -
NOT MINDING
LES CHEVEUX
TURNING WHITE

ne vous préoccupez pas du temps... de l'espace... de l'âge. Apprenez simplement à rire et à pleurer totalement, car ce sont les moyens les plus simples d'atteindre votre être le plus profond.

Question 1 :

Maneesha a demandé :

NOTRE MAÎTRE BIEN-AIMÉ,

NOTRE JOYAU LE PLUS BRILLANT ET LE PLUS PRÉCIEUX, CHAQUE FOIS QUE JE T'AI DEMANDÉ QUELLE ÉTAIT TA BEAUTÉ, TU AS INSISTÉ SUR LE FAIT QUE CE SONT LES YEUX DE L'AMOUR QUI PROJETTENT

LA BEAUTÉ SUR TOI. MAIS VOUS N'AVEZ PAS NOTRE EXPÉRIENCE D'ÊTRE ASSIS EN FACE DE VOUS, DE SUIVRE - COMME NOUS LE FAISONS - CHACUN DE VOS MOUVEMENTS, DE TRACER CHAQUE COURBE, LIGNE ET VALLÉE DE VOTRE VISAGE.

JE NE CONNAIS PERSONNE D'AUTRE - MÊME SI JE LES AIME BEAUCOUP - QUE JE POURRAIS CONTEMPLER PENDANT DES ANNÉES, SANS JAMAIS ME LASSER, SANS JAMAIS AVOIR L'IMPRESSION D'AVOIR COMPRIS LEUR BEAUTÉ.

Maneesha, dans ce cas, j'accepte d'être malchanceux. Vous avez la chance d'avoir un maître qui n'est pas un fardeau pour vous. Vous avez la chance d'avoir un maître qui n'est ni masochiste, ni sadique.

Je n'étais pas aussi chanceux. Je n'avais jamais rencontré un seul homme que j'aurais pu appeler mon maître. Je devais travailler seul, par moi-même, aller de-ci de-là, tomber et me relever, sans personne pour me guider, sans personne pour me donner des instructions, sans personne même pour indiquer un doigt à la lune. Mais il semble que, par hasard, je sois tombé sur le bon endroit.

Je suis un maître qui n'a pas eu de maître. Je ne peux donc pas voir et ne peux pas dire ce que vous voyez dans mes yeux, dans mon visage. Mais ce que vous voyez est en réalité le pur reflet de votre amour et de votre confiance. Ce corps va dépérir, mais j'ai un autre corps, de lumière. Avant que ce corps ne se dessèche, tu dois te familiariser avec mon corps de lumière, avec mon centre intérieur. Et ton centre et mon centre intérieur ne sont pas deux. Dans cette zone, il y en a toujours un - ni deux ni trois.

Maintenant, avant d'entrer dans notre méditation quotidienne ... juste pour laisser tomber tous les fardeaux, tous les soucis du monde, et avoir quelques bons rires. Je n'ai rien trouvé de mieux pour créer un espace juste pour entrer en vous-même, parce que votre esprit ne peut pas comprendre le rire. Le rire est très illogique. Une personne logique ne peut pas rire, une personne logique est confinée à un espace très restreint.

Je n'ai pas entendu dire que Kant ait jamais ri. Il ne pouvait pas, c'était une personne trop sérieuse. Je vous parlais à l'instant de J. Krishnamurti ..... Il venait en Inde au moins une ou deux fois par an.

Il ne s'est rendu qu'à trois endroits : Varanasi, New Delhi et Bombay. J'avais donné des instructions à tous mes sannyasins : " Où qu'il soit, en Inde ou hors d'Inde, asseyez-vous en première ligne, là où il parle. Et n'oubliez pas l'orange et le mala."

Et c'était suffisant. Ensuite, il ne voulait plus parler d'aucun autre sujet. Cela suffisait à le mettre en colère : " J'ai raconté toute ma vie... ! ". Et mes gens l'appréciaient, ils l'aimaient. Même quelques personnes qui n'étaient pas sannyasins allaient en orange, empruntant un mala à un ami.

Un seul sannyasin suffisait. Il oubliait alors tout ce qu'il allait dire.

Alors il n'a eu qu'à me condamner, condamner sannyas, condamner tout - ne pas comprendre une chose simple, qu'il était facilement distrait. Qu'est-ce que ça peut faire ? Quelqu'un porte de l'orange et a un mala ... ce n'est pas son affaire.

Mais c'était un homme sérieux. Il se frappait la tête. Il se mettait tellement en colère... surtout à Bombay, parce que j'étais à Bombay. Des centaines de sannyasins étaient assis à l'avant, et il se frappait la tête. Je suis tellement paresseux que je ne peux même pas me frapper la tête, et encore moins celle de quelqu'un d'autre. Je garde dans ce but le Maître Zen Sekito - Stonehead.

(Le maître s'adresse à NISKRIYA.) Où est votre personnel ?

(NISKRIYA ramasse son bâton et le montre au maître) Oui, c'est bien, car à tout moment on peut en avoir besoin. Et j'ai choisi un maître zen allemand... parce que les maîtres zen japonais frapperont, mais leur coup sera juste comme une plume de paon. Un vrai coup, seul un Allemand le connaît.

Et regardez sa tête de pierre. Tu as rasé tes poils ou pas ? Rasez-les complètement.

(NISKRIYA LÈVE LES SOURCILS EN SIGNE DE QUESTION, EN MONTRANT SA NOUVELLE BARBE - ÇA AUSSI ?) Oui, laisse tomber.

Proper Sagar est arrivé. Beaucoup d'entre vous ne le connaissent peut-être pas - c'est un très ancien sannyasin - mais la plupart des anciens sannyasins se souviendront de Proper Sagar. Il est tellement correct en tout.

Le bon Sagar va rendre visite au docteur Azima. Il accroche son parapluie et son chapeau. Puis il enlève sa veste, sa chemise et sa cravate, et son pantalon - il les plie très proprement et les pose sur la chaise. Puis il enlève ses chaussures et les met sous la chaise, bien droites. Puis il enlève ses sous-vêtements, les plie joliment et les pose également sur la chaise.

Se tenant raide devant Azima, Sagar dit calmement : "Comme vous pouvez le voir, docteur, mon testicule gauche pend plus bas que le droit."

"Oh," sourit Azima, "mais c'est parfaitement normal. Vous n'avez pas à vous inquiéter."

"Je ne m'inquiète pas", répond Proper Sagar. "Mais tu ne penses pas que c'est un peu désordonné ?"

Le pape polonais est en pèlerinage à Calcutta où il rend une visite officielle à l'orphelinat de Mère Teresa.

Mère Teresa lui fait visiter les lieux, et le Polack se penche et embrasse tout ce qu'il voit.

Soudain, alors qu'il se penche pour embrasser la fierté et la joie de Mère Teresa, le nouvel orgue de l'église, le pape recule de terreur. Là, tendu sur le dessus de l'orgue, se trouve un gros préservatif noir.

Pourpre de rage, Pope le Polack exige une explication de Mère Teresa.

"Eh bien, dit Mère Teresa, un de mes orphelins l'a trouvé dans un paquet dans la rue, et quand j'ai lu l'étiquette, il était écrit : "Placez sur l'organe et sentez-vous en sécurité"."

Harold, Bill et Gabby, trois cow-boys fatigués et affamés, sont assis autour d'un feu de camp sur le point de dîner. Jose, le cuisinier, un énorme Mexicain crasseux au visage barbu, jette la casserole et brandit son arme.

"Le premier d'entre vous qui fait des histoires pour son dîner aura des ennuis avec moi !" dit José.

Il y a un silence prudent alors que la bouillie violette et verte est servie, et que le repas commence.

"Mon Dieu !" s'écrie Harold, en s'étouffant et en devenant bleu. "Ce truc a un goût de merde."

Puis, regardant immédiatement le grand Mexicain, Harold ajoute avec enthousiasme : "Mais de la bonne came, de la très bonne came".

Le docteur Feelgood visite l'asile d'aliénés pour voir l'état actuel de certains de ses patients.

Il est conduit dans la première pièce, ouvre la porte et rencontre Charlie Rosenkrantz. A ce moment là, Mr.

Rosenkrantz balance en l'air un club de golf imaginaire.

"Eh bien, Charlie," dit Feelgood. "Quand pensez-vous sortir ?"

"Pas de problème", répond Charlie en s'éloignant. "Dès que j'aurai fait un trou en un."

Feelgood secoue la tête et passe à la pièce suivante. Il y trouve Chester Cheese en train de balancer une batte de baseball imaginaire.

"Bonjour, Chester," dit Feelgood. "Et quand pensez-vous sortir ?"

"Oh, bientôt", répond Chester. "Dès que j'aurai fait ce home-run."

Feelgood secoue à nouveau la tête, et est conduit dans la pièce suivante. Il entre et trouve Donald Dickstein frottant un sac de cacahuètes contre sa fermeture éclair ouverte.

"Bonjour, Donald," dit Feelgood. "Et quand pensez-vous sortir ?"

"Dehors ? Tu plaisantes ?" dit Donald avec enthousiasme. "Je suis complètement fou !"

Maintenant, Nivedano... donne le rythme.

(Battement de tambour)

(Gibberish)

Nivedano ...

(Battement de tambour)

Soyez silencieux ... fermez les yeux ...

se sentir gelé. Rassemblez votre énergie vitale,

votre conscience, à l'intérieur.

C'est l'endroit

où vous avez des racines dans l'univers.

C'est l'endroit

qui fait de quelqu'un un bouddha.

Allez plus loin, sans aucune crainte.

Il est inconnu, non familier,

mais ne vous inquiétez pas -

c'est votre propre personne.

Rappelez-vous ces hauteurs ...

souviens-toi de ces profondeurs...

rappelez-vous que vous faites partie de cet univers.

Abandonnez toute séparation.

Glisse comme une goutte de rosée

de la feuille de lotus à l'océan.

Pour disparaître dans cet océan

c'est de devenir l'océan.

Pour être plus clair, Nivedano...

(Battement de tambour)

Relaxe... laisse-toi aller...

Le corps est là, allongé...

ce n'est pas vous.

L'esprit est là,

peut-être que quelques nuages planent encore autour ...
mais ce n'est pas vous.
Vous êtes l'observateur sur les collines.
Cette nuit silencieuse,
et dix mille bouddhas
regardant en silence.
Il ne peut y avoir rien de plus grand,
ou plus important.
Les nuages se sont également joints,
les bambous font des commentaires.
J'espère qu'il y aura un jour
quand l'humanité entière
comprendra cette bouddhéité.
Diffusez cette expérience
à tous ceux qui tâtonnent dans les ténèbres.
Mais ne soyez jamais un missionnaire ;
juste un message ...
aimant, compatissant.
Laissez votre corps entier, vos actions,
les sensibiliser
que quelque chose d'immensément précieux
s'est produit en vous ;
que vous portez une flamme,
que vous portez un parfum,
que tes yeux sont devenus aussi bleus
et aussi vaste
et aussi profond
comme le ciel lui-même.
C'est ce que j'appelle "être un message".
Sauf devenir un bouddha,
il n'y a aucun moyen
pour transmettre ce que vous vivez.

Et n'oubliez pas :
autrefois un bouddha,
pour toujours un bouddha.
Nivedano ...
(Battement de tambour)
Rappelez tous les bouddhas.
Lentement et silencieusement...
s'asseoir quelques instants ...
Je réfléchis juste ...
la collecte ...
se souvenir de ce qui vous est arrivé...
où vous avez été.
Souviens-toi de l'itinéraire pour pouvoir y aller,
quand vous le voulez,
dans le temple.
Vous êtes le temple,
et au fond de toi se trouve le Bouddha.
Ok, Maneesha ?
Oui, Maître bien-aimé.
Peut-on célébrer les dix mille bouddhas ?
Oui, Maître bien-aimé.